北九州

とっておきの

上等なランチ

メイツ出版

北側は響灘に、東側は周防灘に面し、
南部には美しい山々が連なる北九州市。
そのため海の幸、山の幸どちらもに恵まれ、
地産食材の数も多い。

食材に恵まれた町で生まれるのは、
当然のことながらその食材を生かした食文化。
そして、腕ききの料理人たちが自然発生的に集まり、
有数の飲食店がしのぎを削ることになる。

名店が多いと噂される北九州のなかでも、
特に名高い57店をご紹介しよう。

ディナーとなると少し敷居が高くなってしまうお店も、
まずはランチからなら、気軽に訪れることができますよ。

もくじ

北九州
とっておきの
上等なランチ

フレンチベースの洋食屋
しん門 P82
うなぎ処
いち川 P112
BRASSERIE LIPP
P70
ETINCELLE
KAWAMOTO
P18
Ristotante P38
Passo del mare
金鍋 P52
イタリア料理
ベルボスコ P48
CASALiNGO
P108
鞘ヶ谷ガーデン P46
花篝
P88
レストラン
フランボアーズ P26
nala P68
寿司 竹本 P54
レストラン
セルフィーユ P32
観山荘別館 P58
Le Coeur et 心 P96
フランス料理
ミル・エルブ
P12
Vineria
La Luce
P30
現代創作料理
吟川 P78
Sereno
Osteria
P60
そば処 芭蕉庵
P102
かりほ庵 P66
幡生駅
下関IC
下関駅
山陽本線
門司港駅
門司港レトロ観光線
春日
鹿児島本線
小森江駅
門司駅
新門司
九州工大前駅
若松駅
戸畑駅
西小倉駅
小倉駅
愛宕JCT
富野
枝光駅
枝光
香春口三萩野駅
足立
八幡駅
スペースワールド駅
南小倉駅
紫川JCT
大谷
大谷JCT
城野駅
安部山公園駅
守恒駅
徳力公団駅
石田駅
小倉東IC
下曽根駅
志井公園駅
北九州JCT
九州自動車道
朽網駅
小倉南IC
志井駅
日田彦山線
苅田北九州空港IC
苅田駅
日豊本線
小波瀬西工大前駅
行橋駅
191
9
72
3
199
262
71
2
264
25
10
1
322
28
201

北九州市近郊 MAP
魚庵 千畳敷 P62
ザ・テラス カシクラン P22
夕日の見える丘 P122
フランス料理 ル・ニ・ド・ファコン P14
THE HOUSE OF LINDOMAR P28
レストラン シャンフレーシュ P16
日本料理 古仙 P34
焼肉・すきしゃぶ おんどる 水巻本店 P104
馳走 なかむら P94
神社そば 村の下 P124
公孫樹の木 P64
ワイン食堂 パスタコッタ P86
わびすけ新寮 P42
はぎの家 P72
梓屋 P92
本城駅
陣原駅
熊西駅
黒崎駅
折尾駅
穴生駅
水巻駅
遠賀川駅
海老津駅
東水巻駅
中間駅
筑豊本線
黒崎
小嶺
馬場山
八幡(IC)JCT
鞍手
九州自動車道
木屋瀬駅
遠賀駅
筑豊直方駅
直方駅
山陽新幹線

小倉駅
近郊
MAP
199
小倉駅
（新幹線口）
鉄板焼 なにわ
P76
リーガロイヤル
ホテル小倉
新幹線口
小倉駅
日本料理
祇園
P56
小倉郵便局
湖月堂
喫茶去 P50
ちゅうぎん通り
北九州モノレール
勝山橋東
中国料理
耕治 P80
コレット
天寿し 京町店
P44
お料理 佐藤
P84
浅香通り
199
井筒屋 小倉店
魚町
魚町二丁目
平和通り
焼肉の龍園
P114
創作料理 一椿
P118
みかげ通り
小倉井筒屋
・新館
寿司 もり田
P36
田舎庵 小倉本店 P90
鍛冶町
二丁目
平和通駅
LA NATURE
OHNO
P74
Jean Pierre
P98
すてーき 一麿
P120
小倉飯店
P116
平和通り
266
紺屋町
旦過駅
ボナペティ
P106
ホテル
ニュータガワ
古船場町
北九州市立
医療センター
フランス料理
Bonne Femme P20
Restaurant
FUTATSUISHI P24

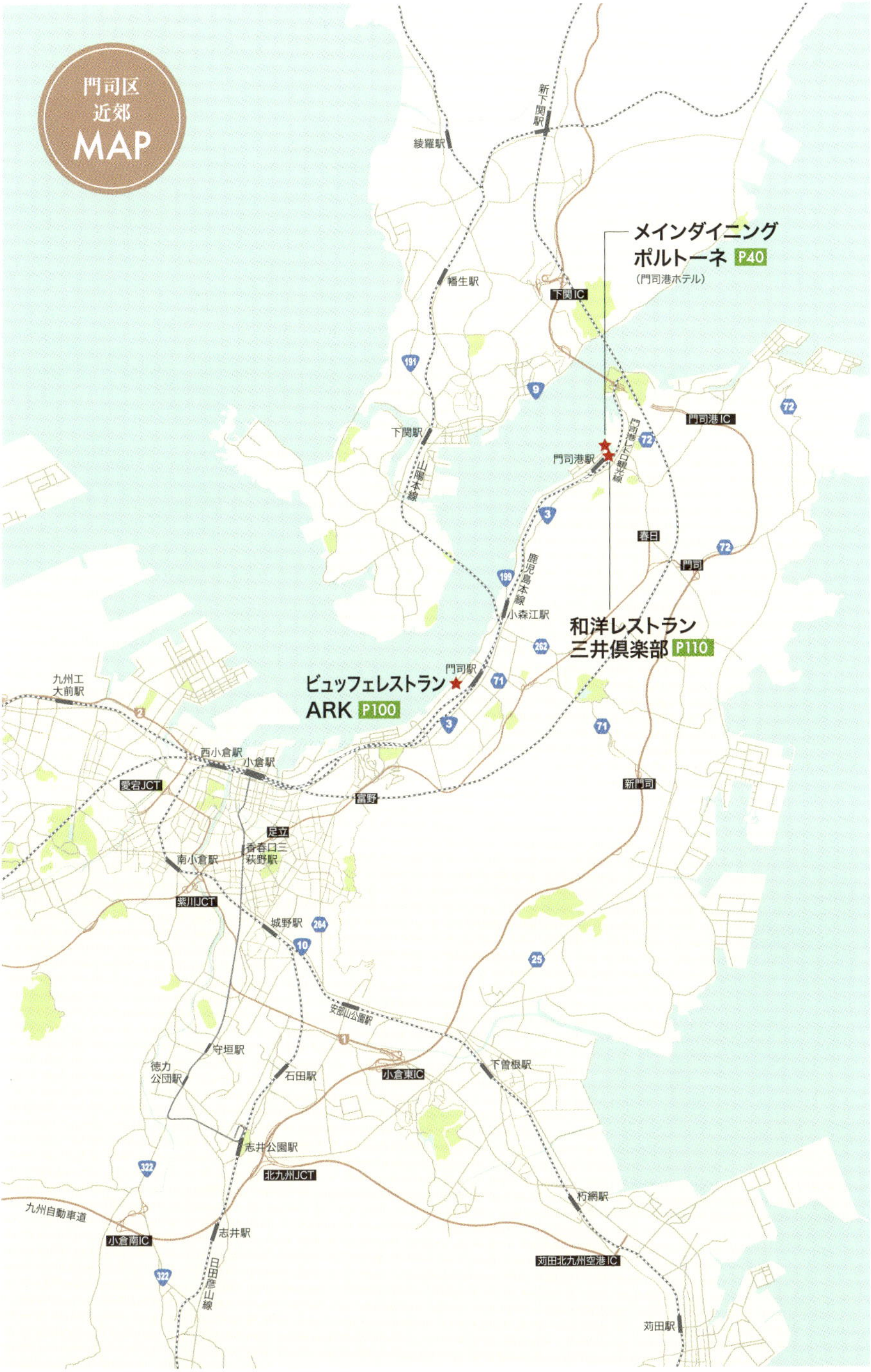

門司区
近郊
MAP
新下関駅
綾羅駅
メインダイニング
ポルトーネ P40
(門司港ホテル)
幡生駅
下関IC
191
9
門司港IC
72
下関駅
門司港駅
門司港レトロ観光線
山陽本線
3
春日
門司
鹿児島本線
199
小森江駅
和洋レストラン
三井倶楽部 P110
262
門司駅
ビュッフェレストラン
ARK P100
71
九州工大前駅
2
西小倉駅
小倉駅
愛宕JCT
富野
新門司
足立
香春口三萩野駅
南小倉駅
紫川JCT
城野駅
264
10
25
安部山公園駅
1
守恒駅
徳力公団駅
石田駅
小倉東IC
下曽根駅
志井公園駅
322
北九州JCT
朽網駅
九州自動車道
小倉南IC
志井駅
苅田北九州空港IC
日田彦山線
苅田駅

本書の読み方

住 住所:現住所です。
電 電話:ご予約はこちらからどうぞ。
営 営業時間:お店が開いている時間です。日祝で異なる場合もあります。
休 定休日:季節によって異なるお店もあります。
席 席数:おおよその席数です。
払 カード:支払い時にカードが使用できるかを表記しています。
予 予約:予約の必要を表記しています。
駐 駐車場:駐車場の有無。または、台数を表記しています。
煙 喫煙:全席禁煙、分煙あり、喫煙OK、その他を表記しています。
交 アクセス:左の地図とあわせてご参考ください。

●本書に掲載しているデータは、2014年11月のものです。営業時間、メニュー、価格(追記がなければ税込価格)、周辺地図などは変わる場合がありますので、お店にご確認ください。なお、季節のおすすめメニューはぜひスタッフに質問してみてくださいね。

月刊はかたについて

昭和63年創刊の月刊誌。福岡、博多を愛する方々へおくる、文化情報誌です。文化・歴史・人を編集の三本柱に、精神的に成熟した大人たちに向けて、良質の本物を紹介する誌面作りを目指しています。人気コーナーは、福岡の歴史や文化、お店などを、独自の視点で紹介する毎月の特集ページ。福岡にゆかりのある、著名な執筆陣による連載も好評です。B5変型という持ち歩きしやすい大きさ。名店・老舗で構成された「福岡の名店百選会」のお店、ホテルなどで差し上げています。福岡市内の主要書店での購入も可能(一部380円)。便利な定期購読のお申し込みは編集室まで。

[お問い合わせ]
月刊はかた編集室　〒810-0001 福岡市中央区天神4-1-11 天神YLビル8F
TEL 092-761-6606　FAX 092-761-0974　http://www.a-r-t.co.jp/gekkanhakata/

❶ 『季節のランチメニュー』2,500円。オードブル、メインディッシュ（お好きなメニュー1品）、デザート、パン、コーヒー。

❷

北九州市八幡東区

フランス料理《フランスリョウリ》 ミル《ミル》・エルブ《エルブ》

❸

❹ 『季節のディナーコース』5,500円。アミューズ、オードブル、季節野菜のスープ、魚料理、肉料理、デザート、パン、コーヒー。

❺

四半世紀の歴史を紡ぐ 老舗ホテルの本格フレンチ

店名の「ミル・エルブ」とは、フランス語で「千の草」の意。千草ホテルのその名を冠する、メインダイニングだ。まるで美術館のように彩られた設えと、洗練された空間。北九州の人々にとって、ここは特別な場所であることが随所から伝わってくる。

今から約百年前、八幡に生まれた「料亭千草」がこのホテルのルーツ。成り立ちからして「料理」と「おもてなし」が千草の根幹を築いているのがわかる。そこから数々の変遷を経て、1985年に「ミル・エルブ」が誕生した。今ではこのフレンチレストランだけを目的に訪れるお客も多いほどの人気店だ。

四半世紀もの間、変わらぬ人気と信頼を得つづけるのは容易いことではない。ソース一滴に心血を注いできたからこそ、現在の評価があるのだろう。地元の新鮮な野菜や豊富な魚介類、そしてジビエなどを用いて作るクラシックなフランス料理。本格フレンチの味と文化を、この町に伝え続けている伝道者だ。

❻

❼

❶『季節のランチメニュー』2,500円。❷❸まるで美術館のような空間❹『季節のディナーコース』5,500円。❺色合い、食感、香り…、五感を刺激される華やかなプレートの数々。❻「"穏やかで美味しいひとときを、大人の隠れ家で"をコンセプトに、安心安全な地元北九州の食材をふんだんに使用しています。」とレストランチーフの小野山美緒さん。❼千草ホテル外観。

Recommended

Menu

lunch

季節のランチメニュー
2,500円
季節のランチメニュー（スープ付）
3,000円
季節のランチメニュー　フルコース
4,500円

dinner

季節のディナーコース 5,500円

¥ 平均予算
ランチ 約3,000円
ディナー 約6,000円

※こちらのお店の価格は全て税別表記です

住 北九州市八幡東区西本町1-1-1
千草ホテル
電 093-671-1131
営 11:30〜14:00(OS)
17:30〜20:00(OS)
休 火曜日、年末年始
席 32席
払 カードOK
予 不要（ただし予約優先）
駐 80台
煙 全席禁煙（ホテル館内は分煙）
交 JR八幡駅より徒歩10分

北九州市八幡西区

フランス料理 ル・ニ・ド・ファコン

フランスリョウリ ル ニ ド ファコン

❶

正統派フランス料理で優雅なひとときを

〝妥協せず手を抜かずに、当たり前のことを…〟というテーマのもと、1997年より穴生駅近くで本格フレンチを提供している一軒家レストラン。「ル・ニ・ド・ファコン」という店名はこの地の名前〝鷹の巣〟を意味している。地域に根差した店でありつつ、各地へ発信していきたいという思いを込めてこの名前に。その思いの通り今では、噂を聞きつけた美食家たちが遠くからも足を運ぶ名店として知られている。

店内は淡いクリーム色をベースにした清楚な雰囲気で日常から切り離されたような空間だ。つい長居したくなる居心地の良さの中、テーブルの上には丁寧に調理され、素材を主役に引き立てるソースやハーブ、香辛料を用いた料理の数々が運ばれてくる。コースは季節感を重んじながら1シーズンに2回、食材もメニューもすべて変更。訪れる度に新しい発見をもたらしてくれる。

非日常の空間と洗練された料理、そしてエレガントなサービスを堪能すべく大切な人を連れていきたい。

❶『dejeuner a』2,200円。シェフの確かな知識と豊かな感性が上質な器の上で表現され、季節の彩りを目でも舌でも楽しめる。

❷❸❹料理の一例。フランス・ブルゴーニュや、ボルドー、シャンパーニュなどのワインの豊富な品揃えもうれしい。料理を引き立てるお気に入りの一本を探してみては。❺クリーム色を基調とした清楚な雰囲気の店内。❻「ル・ニ・ド・ファコン」の外観。

Recommended
Menu

lunch
dejeuner a 2,200円
dejeuner b 3,200円
dejeuner special 5,300円

dinner
diner a 5,300円
diner b 7,800円
diner faucon 12,000円

¥ 平均予算
ランチ 約3,000円
ディナー 約6,000円

※こちらのお店の価格は全て税別・サ別表記です

住 北九州市八幡西区鷹の巣1-6-26
電 093-622-5005
営 11:00〜14:00(OS)
17:30〜21:00(OS)
休 月曜日
席 28席(2階個室8席、1階テーブル20席)
払 カードOK
予 要予約
駐 5台
煙 分煙あり
交 筑豊電鉄穴生駅より徒歩約10分

北九州市八幡西区

レストラン《レストラン》 シャンフレーシュ《シャンフレーシュ》

閑静な住宅地にある隠れ家フレンチ

「ここでしか味わう事の出来ない独自の料理を」と掲げる矢野シェフが作る、九州とフランスの食材を融合させたフレンチをお腹いっぱい食べられるレストラン。

野菜・魚介類は毎朝シェフが自ら卸売市場で新鮮なものを直接買い付け、ヨーロッパの野菜など稀少な食材は生産者から取り寄せるなど、自分で納得した安心な食材を使用。また、味付けも健康を気に掛ける方やご年配の方に配慮し、素材の旨みを生かした薄味に仕上げられている。だからこそ、ごまかしが効かない腕の見せどころ。こちらで特に評判なのが、肉や魚を長時間一定・均一の低温で過熱する特殊な調理法で作られた料理。食材の栄養分をそのまま残すことができ、かつジューシーで柔らかく仕上がるというからまさに一石二鳥。細やかな心配りと嬉しいサービスも人気の秘密。何度も訪れる方にはコース料理の一部を変更する他、全てのコースにプラス500円でメッセージや名前を入れたスペシャルデザートを用意してくれる。

❷

❸

❹

❺

⑥

❶料理の一例。ご夫婦やご家族連れで、誕生日や結婚記念日等のアニバーサリーなどの利用も多い。

❷❸❹❺料理の一例。『ランチA』(1,700円)はメイン料理はシェフおすすめのお手頃コース。『ランチB』(2,000円)はメイン料理を選べて、パスタも付いた充実のコース。『ランチC』(3,500円)は前菜、本日のスープ、市場より旬の魚料理、蝦夷鹿ロース58℃真空低温調理、バゲット、デザート、コーヒー・紅茶・ピーチティーから1つのコース。ランチタイムだからこの価格!お得なフルコース。プラス500円で、スペシャルデザートプレートに変更出来る❻事前に伝えておけばワイン1本まで無料で持ち込みも可能。これは嬉しい。❼「レストラン シャンフレーシュの外観」

Recommended

Menu

lunch

Aコース 1,700円
Bコース 2,000円
Cコース 3,500円

dinner

オール 5,000円
アニバーサリー 5,600円
リュクス 7,000円

¥ 平均予算

ランチ 約2,000円
ディナー 約5,000円

住 北九州市八幡西区松寿山2-14-8
電 093-603-5060
営 ランチは金土日のみ11:30～14:00
18:00～21:00
休 水曜日
席 26席、個室1
払 カードNG
予 予約が望ましい
駐 5台
煙 全席禁煙
交 JR折尾駅より車で約5分。西鉄バス松寿山団地第3バス停前

❼

北九州のものを中心に
揃えた野菜の新鮮な色
合いが、皿の上に華や
かに広がる。

❸

❷

❶

北九州市小倉北区

ETINCELLE KAWAMOTO

エタンセールカワモト

❹

広々とした空間に、洗練された
雰囲気の調度品が揃えられ、
非日常の雰囲気を作る。

進化する特別な空間

❶❷❸❹料理を待つ間も期待感で話が弾む。ソムリエが料理に合わせてチョイスしてくれるワインと共に舌鼓を。❺美しい白壁が特徴的な外観。❻「料理だけでなく空間を作るすべてがお客様のエネルギーになることを願い、"火花(エタンセール)"と冠したこの場所が誕生しました。特別なお祝いの席、御家族の笑顔のひと時をお過ごしください。」とオーナーシェフの川本憲一さん。

訪れる度に新鮮な感動に出会えると評判の「エタンセール・カワモト」のオーナーシェフの川本憲一さんが作り出すのは、〝料理・雰囲気・おもてなし〟が三位一体となった特別な空間。白壁の邸宅の扉を開くと、まるで非日常に一歩足を踏み入れたかのような空間が広がっている。調度品のひとつひとつにこだわりがこめられており、サーブするスタッフの洗練された動作からも、これから始まるひと時への期待が高まる。フレンチの基本に忠実であり、それでいて遊び心にも満ちた料理は、何度訪れても新鮮さを感じさせる。扱う素材は、北九州の野菜や魚が中心。シェフの厳しい目で選び抜いた食材だけが、皿の上を彩ることを許される。妥協の無さはファンの心もしっかりと掴み、この場所に大切な人たちを招きたいとレストランウェディングを依頼するカップルが多いのも、頷ける。2階には貸し切りの個室やVIPルームも。特別な食事を選ぶなら覚えておきたい一軒。

Recommended Menu

lunch

ブルー 2,850円
ブラン 4,000円
ルージュ 8,000円

dinner

ヴァリアシィオン 8,000円
グルマン 12,000円
スペシャル 15,000円

¥ 平均予算

ランチ 約4,000円
ディナー 約12,000円

住 北九州市小倉北区清水3-2-18
電 093-592-5800
営 11:45～15:30(OS13:30)
18:00～23:00(OS21:00)
※日祝は22:00(OS20:00)まで
休 月曜日、第2火曜日
席 1階28席(貸し切り時は50席)、2階VIPルーム6席
ファミリールーム10席※チャージ料10,000円
払 カードOK
予 要予約
駐 9台
煙 全席禁煙
交 西鉄バス清水3丁目バス停より徒歩2分

ランチの一例。「味わいと彩り美しさが両立してこそ、料理の良さが決まります」とオーナー。

北九州市小倉北区

フランス料理《フランスリョウリ》 Bonne Femme《ボンファム》

30年以上の歴史が刻まれた店内

特別な日に、大人のランチはいかが？

❶ランチの一例。❷「本店の隣にはフランス料理をカジュアルに楽しめる店“ペリゴール”もあり、気軽にワインと一品料理を楽しむことができます」とオーナー。❸「Bonne Femme」の内観の様子。❹『ボンファムコース』5,500円。❺チーズケーキはこの店の名物で、お店でのテイクアウトも可能。また、井筒屋の地下でも販売されている。❻大通りから一歩入った静かな通りにたたずむ。❼記念日に訪れるカップルやご夫婦などが多い。

モノレール旦過駅から歩いて数分。大通りから少し入った小径にたたずむこの店は、小倉でも有数の老舗フレンチレストランだ。開業して30余年、オーナーシェフの岩田さんが手掛ける料理の数々は北九州の多くの食通たちを楽しませている。「地産地消」を心がけ、玄界灘や苅田港などで揚がる新鮮な魚介や、北九州市内で育てられた野菜を素材にフランス料理に仕上げる。「日本の四季を常に意識して、その季節しか味わえない食材を中心に使い、美しい色遣いでひと皿を完成させること」。これが岩田シェフの料理の真髄だ。料理に加えて空間、器、接客とどれも上質なものを提供してくれることから、この店は特別な日に利用するという人が多い。ちょっとおしゃれをして、贅沢なランチタイムを過ごす。そんな大人な休日に訪れたい場所なのだ。

Recommended

Menu

lunch

Aランチ 2,500円
Bランチ 3,800円

dinner

ボンファムコース 5,500円
グルマンコース 8,000円
美食コース 10,000円

¥ 平均予算

ランチ 約1,200円～2,500円
ディナー 約4,000円～5,000円

住 北九州市小倉北区馬借3-1-7
電 093-522-1391
営 12:00～14:00(OS)
18:00～21:30(OS)
休 月曜日
席 24席(個室なし)
払 カードOK
予 不要(ディナーは要予約)
駐 なし
煙 全席禁煙
交 北九州モノレール旦過駅より徒歩3分

『パスタランチ』1,600円。朝摘み若松野菜のオードブル、スープ、パン、パスタ、デザート。※パスタは週替わり

❷

❸

❶

Italian

北九州市若松区

ザ・テラスカシクラン

ザ　テラスカシクラン

大きな窓の外に広がる風景は、まるで海外のリゾート地のよう。非日常間をたっぷりと味わいたい。

太陽と潮風が気持ちいい
絶好のロケーション

目の前に広がるのは、真っ青な海と空、そして美しい海岸線。北九州にいながらにしてリゾート感たっぷりの環境は、ランチタイムにこそ映える。最高の景色をスパイスに、地元産の野菜をたっぷりと使ったランチを楽しめるとあれば、何時間もかけてここのランチを目的に訪れる人がいるのも頷ける。

店舗と同じ敷地内に、「海と大地」という直売所があることからもわかる通り、食材は新鮮なものを毎日直接仕入れている。ランチには新鮮野菜の前菜ビュッフェが必ずついており、これも人気の一因。地産地消にこだわり、野菜や魚介類などは地元若松産のものを努めて提供するという姿勢も、ファンを作り出す理由の一つだろう。

ウェディングを主とした施設ながらも、真摯に作られた料理と絶好のロケーションで一般客にも広く浸透している。時間がたっぷりとある休日に、ドライブを兼ねて立ち寄りたい一店だ。

❶『パスタランチ』1,600円。❷朝摘み若松野菜のオードブル。❸地産地消にこだわり、野菜や魚介類などは地元若松産のものを努めて提供している。❹ウェディングを主とした施設ながらも、真摯に作られた料理と絶好のロケーションで一般客にも広く浸透している。❺「ザ・テラスカシクラン」の外観。お天気のいい日はテラス席もおすすめ。潮風とともに、のんびりとランチタイムを過ごそう

Recommended

Menu

lunch

シェフおススメのお肉ランチ
2,300円

特別BIGプレートランチ
2,500円(一日限定5食)

贅沢なフルコースランチ 3,000円

dinner

新鮮魚介と若松野菜を使った
フルコースディナー 5,000円～

記念日プレシャスディナー
8,000円

¥ 平均予算

ランチ 約2,200円

ディナー 約5,000円

住 北九州市若松区安屋3710
電 093-742-3888
営 11:30～14:30(土日祝11:00～)
休 火曜日
席 15席(室内10席、テラス5席)
払 カードNG
予 要予約
駐 200台
煙 全席禁煙
交 JR折尾駅よりタクシーで15分

❷

❶ 『熟成和牛のオイルバス』。2時間かけてじっくりと調理。ジューシーで柔らかくこれを目当てに訪れるリピーターも多数。

French

北九州市小倉北区

Restaurant FUTATSUISHI《レストラン　フタツイシ》

❹

❺

❸ 料理に合うワインをそれぞれで楽しめるワインのペアリングもしており、自分で選ぶ以上に新しい発見を与えてくれる。

ワインとフレンチの美味しい方程式

オーナーシェフ・二石寛之さんはフレンチの料理人としての実績を積み、30歳のころに単身本場フランスへ。3年に亘りさらなる修行を重ねた。伝統的なフランス料理の技術を学ぶためにビストロやレストランなどで経験を積んだ後、食材が作られる原点から知りたいと無農薬の野菜を作る農家で働くことに。そこでは、土づくりから育苗、収穫まで携わり、食材が作られる過程を肌で学んだ。「彼らの日頃から食に感謝する気持ちが丁寧な素材作りにそのまま反映されていました。この経験を活かし、自分たちの子どもにも安心して食べさせられる食材を選び、それを作る人の思いまで伝えられるよう料理を通して橋渡ししていきたい」と語る二石さん。休みの日には直接農家まで出かけていき、交流しながら素材選びを続けている。「生産者が精魂込めて育てた食材とその精神に敬意を払い、料理をさせていただいています」と語る二石さんの素材に対する飽くなき探究心は、生産者の思いをのせて料理を口にするゲストに感動を与えてくれる。

6

7

❶ランチコース『セゾン』の料理例。『熟成和牛のオイルバス』。❷❸内観の様子。ここでいただくコースは四季折々を表現する季節のお任せコース。❹『西米良サーモンのミキュイ』。❺『秋刀魚のプレッセ』。❻外観の様子。❼「コースのお料理ごとにセレクトしたワインをグラスで楽しめるワインペアリングとともに美味たるひとときをお過ごしください。皆様のお越しをお待ちしております」とオーナーシェフの二石寛之さん。

Recommended Menu

lunch

デジェネ(ミニコース) 3,000円
セゾン 6,000円
デギュスタシオン 10,000円

dinner

セゾン 6,000円
デギュスタシオン 10,000円
料理とワインのマリアージュコース 12,000円

※昼と夜のメニューは同一。昼から夜の贅沢な味わいを堪能できる。

¥ 平均予算

ランチ 約6,000円
ディナー 約14,000円

住 北九州市小倉北区馬借2-1-20 千代ビル1階
電 093-513-5000
営 12:00〜13:00(OS) 18:00〜20:00(OS)
休 基本火曜日、不定休
席 16席
払 VISA、MASTER、AMEX
予 前日までの完全予約制
駐 なし
煙 全席禁煙
交 北九州モノレール旦過駅より徒歩約2分

※こちらのお店の価格は全て税別・サ別表記です

北九州市小倉北区

レストラン フランボアーズ《レストラン　フランボアーズ》

ひと口ひと口が記憶に残る素敵なレストラン

２００５年のオープン以来、地元をはじめ市外にも多くのファンを持つ「フランボワーズ」。記念日やお祝いごとに利用するリピーターが多いことからもお店の魅力がうかがえる。

小倉の市街地からすぐの場所にありながら、そばの足立公園の緑が四季折々美しい景色を織りなし、日常の喧騒を忘れさせてくれる。

「手間暇を惜しまず一から仕込みを行い、素材と対話するように丹念に料理を仕上げていく」と語るシェフからは料理に対する真摯な姿勢が伝わってくる。

思い出に残したい大切な日には、ぜひ訪れたい店だ。

❹

❶『おまかせランチB』2,200円。冷製オードブル、スープ、温オードブル、パスタ、メイン、デザート、パン、コーヒー

❷「素材にこだわることは当たり前。それらの素材の良さを引き立てる独自のソースや火入れなどの大切さを常に考えています」とオーナー。❸『フレンチ懐石B』4,700円。写真はイメージ。❹クラシカルな店内は、大切な人との幸せなひとときを演出してくれる。❺『フレンチ懐石』3,700円のメインの一例。写真は牛ホホ肉の赤ワイン煮。❻「レストラン　フランボアーズ」の外観。

❺

Recommended

Menu

lunch

おまかせランチ 1,680円
フレンチ懐石A 3,700円
フレンチ懐石B 4,700円

dinner

フレンチコースB 8,800円
おまかせコース 12,000円

¥ 平均予算

ランチ 約2,200円
ディナー 約5,500円

住 北九州市小倉北区寿山町7-29
電 093-941-7750
営 11:00〜14:30(OS)
17:00〜21:00(OS)
休 不定休
席 24席、個室2
払 カードOK
予 要予約
駐 2台
煙 分煙あり
交 西鉄バス広寿山バス停より足立公園方面へ5分

❻

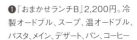

広々としたフロアは、ウェディング以外にもパーティ会場として貸し切り利用が出来る。

❷ ❶

北九州市八幡東区

THE HOUSE OF LINDOMAR

ザ　ハウス　オブ　リンドマール

❹ ❸

オーガニック野菜を農家から直接仕入れ、季節ごとの味わいを楽しませてくれる。

女子のハートを
ときめかせるもの、いっぱい

自然光がたっぷりと差し込む明るい雰囲気の空間で、テーブルに笑顔の花が咲く。２００１年に黒崎の地にオープンし、ハウスウェディングもできる洋風創作レストランとして地域に愛され続けてきた。友達の結婚式で訪れたというきっかけから、この雰囲気の中でゆっくりと食事を楽しみたいとリピーターになる人も多いという。地域の穫れたて野菜を中心に新鮮な素材を揃え、丁寧に仕上げられた料理がお皿の上に華やかな世界を作り出す。料理が運ばれるたび、その豊かな彩りにテーブルから感動の声が聞こえてくる。リンドマールの人気の理由のひとつは、華やかでありながら堅苦しさを感じずにリラックスして食事を楽しむことができる点。最後のデザートまでおしゃべりを楽しみながらランチタイムのひと時を過ごすことができる。誕生日や慶事などのお祝いの席にこちらを予約する人も多く、予約をすれば専属パティシエが作る特別仕様のケーキやビュッフェスタイルのパーティも企画できるので、気軽に相談してみたい。

❶豊かな色彩がギュッとつまった、アートのような一皿。❷ウェディングがパーティの会場として貸しきられることも多い。❸料理の一例。❹落ちついた雰囲気の外観。❺専属パティシエが作るデザートはリピーターにも大人気。

Recommended
Menu

lunch
LINDOMARランチ 1,900円
SAISONコース 3,900円
PASTAランチ 1,600円

dinner
LINDOMARコース 2,600円
SAISONコース 3,900円
SPECIALコース 5,400円

¥ 平均予算
ランチ 約2,000円
ディナー 約4,000円

住 北九州市八幡西区東神原町2-23
電 093-642-3655
営 11:00～14:30（OS14:00）
17:30～21:30（OS20:30）
休 水曜日
席 60席（貸し切り20～80名）
払 カードOK
予 予約が望ましい
駐 提携駐車場あり
煙 分煙あり
交 西鉄バス八千代町バス停より徒歩2分

貸切りも可能。女子会や20人程度のパーティーにおすすめだ。

北九州市小倉南区

Vineria La Luce《ヴィネリア ラ ルーチェ》

その日に仕入れた食材によってシェフが決める日替わりパスタは赤と白の2種類。

ランチからバータイムまで幅広く楽しめる一店

小倉南区の守恒～徳力エリアには小規模で小気味良い店が多い。2013年にオープンしたこちらもそんな店のひとつだ。日本各地でイタリア料理の修行を重ねたオーナーシェフの中山さんが、オープンキッチンで腕を振るう。飾らない雰囲気だが、味は本格的なのがこの店の流儀だ。ランチの一番人気はやはりパスタ。前菜とスープが付いた『パスタランチ』がおすすめ。選べる赤白2種類のパスタは日替わり。その日仕入れた食材を見て、シェフが直感でメニューを決めるのだという。ちょっと贅沢をしたいなら、肉料理がついたフルコース『ラルーチェランチ』もある。また、ランチメニュー以外の夜の料理も希望すればお昼でも提供してくれるので、気軽に尋ねて欲しい。

　夜はワインバー感覚で、好みの料理をアラカルトでオーダーするのもいい。カウンター席でシェフたちと談笑をしながら料理を楽しむようになれたら、この店の上級者だろう。

❶❸❺夜のカウンター席ではアルコールとおつまみを楽しむ大人たちも。❷ワインとの相性ぴったりの『鴨肉のロースト』2,500円。ディナーの人気メニューだが、ランチタイムにもオーダー可能。❹前菜とスープが付いた『パスタランチ』1,200円。❻旬の魚介の旨味たっぷりの『アクアパッツァ』2,400円より。❼北九州モノレール守恒駅そば。赤いひさしと木製ドアが目印❽「パスタはもちろん、魚料理や肉料理などワインと相性の良いメニューも取り揃えています。仕事帰りにちょっと気持ちを切り替えられる空間。そんなお店を目指しています」と店長。

Recommended Menu

lunch

パスタランチ 1,200円

メインランチ 1,800円

前菜、スープ、メイン(2種より1つを選択)+ドリンク

ラルーチェランチ 2,300円

dinner

フルコース 5,000円(要予約)

アクアパッツァ 2,400円～

鴨肉のグリル 2,500円

¥ 平均予算

ランチ 約1,200円～2,500円

ディナー 約4,000円～5,000円

住 北九州市小倉南区守恒本町1-2-5
電 093-967-1992
営 11:30～14:30
17:30～23:00
休 日曜日
席 20席(個室なし、カウンター席あり)
払 カードOK
予 不要
駐 2台
煙 分煙あり
交 北九州モノレール守恒駅より徒歩1分

北九州市八幡東区

レストラン セルフィーユ

レストラン　セルフィーユ

箸で気軽にフレンチを

幹線道路沿いの2階にあるとは思えない、静かで落ち着いた雰囲気のお店。窓の外にはかわいらしいお花が植えられ、外の喧騒とは別世界を作り出している。「ガーデニング好きのお客さまから声をかけていただくことも。女性のお客様が多いので、少しでも花や緑が見えると喜ばれるんですよ」とホール担当の奥様。シェフのご主人と二人で、こぢんまりとしながらも品が良く、居心地のいい空間を作り出している。

本格的なフランス料理ながら、テーブルの上にはカトラリーと並べて箸も用意されている。「店をオープンするときに、母が絶対に箸があるほうがいいって譲らなかったんですよ（笑）。そんなものかな、と思いながら一緒に出していたのですが、思いのほか年配の方のみならず若い方も最初から最後まで箸で召し上がる方も多いんです。気を使わず、安心して食べられるみたいですね」。小さな心遣いに、店の姿勢が表れている。店からの押しつけではなく、客の心地よさを最優先してくれる一店だ。

❷

❸

❹

❺

❶パンやデザートに至るまで、全て自家製の手作りを貫いている。「できあがりが多少ブサイクでも、安心して召し上がっていただきたいですから」。❷『あろうだランチコース』2,200円。アミューズ、オードブル、スープ、パン、メイン料理（肉料理・魚料理から1つ）、デザート、コーヒー。❸「レストラン　セルフィーユ」の入口ドア。❹テーブルの様子。❺「80代くらいの常連の方が、ワインを片手に2時間くらいかけてランチを食べてくださっているのを見ると、こういうお店を作れて良かったなと思います。まだまだですが、少しでも多くの方に、居心地のいいお店になれれば」とオーナー。❻名物の一つが、なんとうどんを使ったパスタ。独特の食感ながら、うどんとは気づかない人も多い。随所に遊び心とチャレンジ精神が息づいている。

Recommended

Menu

lunch

たかみランチコース 2,000円
あろうだランチコース 2,200円
セルフィーユランチコース 2,900円

dinner

4,000円コース 4,300円
5,000円コース 5,400円

¥ 平均予算
ランチ 約2,200円
ディナー 約5,000円

住 北九州市八幡東区荒生田1-6-1
イケダビル2F
電 093-651-0248
営 11:30～15:00（OS13:30）
18:00～22:00（OS20:00）
休 水曜日、第2木曜日
席 12席
払 カードNG
予 要予約
駐 2台
煙 全席禁煙
交 西鉄バス荒生田公園下バス停よりすぐ

❻

Japanese

北九州市八幡西区

日本料理《ニホンリョウリ》 古仙《コセン》

❶

旬の美味を趣ある佇まいで

老舗料亭の凛とした佇まいが目を引く一軒。創業から五十余年の歴史を持ち、店内へ歩を進めると自然と背筋がピンと伸びる。出迎えてくれる着物姿のスタッフに案内された先は、季節の草花が飾られ調度品の並ぶ優雅な空間だ。そこでは各部屋に一人の仲居が付いてくれ、ここで過ごす時間をさらに特別なものにしてくれる。

料理に使われる魚介類は毎朝4時に市場へ向かい仕入れてきた獲れたてのもの。野菜は契約農家で栽培された有機栽培野菜、また、レモンやキンカン、ブルーベリーなどの果物はなんとこちらが所有する農園で栽培した完全無農薬のものを使用している。これらの厳選素材を使って熟練の料理人の技が光る。運ばれてくる料理は、筍、オコゼ、松茸、名物のとらふぐといった旬のもの。その時季ならではの食材で訪れるものの舌をうならせている。また、献立は一月ごとに変えており、いつ訪れても新しい発見が。何度足を運んでも新鮮な気持ちにさせてくれる和の空間へ、大切な人を連れて出かけてみては？

②

③

④

⑤

⑥

⑦

❶写真はコースの一部。皿の上には季節感溢れる食材が並ぶ。

❷❸❹魚や肉、野菜や果物、どれを口にしても食材へのこだわりと丁寧な調理を感じさせる繊細な味わいだ。❺京都の宮大工が手掛けた数寄屋造りの贅沢な空間。個室からは日本庭園を望むことができる。❻最大120名が入ることのできる大広間。忘年会や新年会、お祝い事や法要、または会議などでも利用できる。❼❽敷地内に足を踏み入れると凛とした空気が流れる。

Recommended

Menu

lunch

味こよみ 3,500円
花うたげ 5,000円
京みやび 8,000円

dinner

料理長おまかせ 5,000円
料理長おまかせ 8,000円
古仙絵巻 7,000円

¥ 平均予算

ランチ 約4,500円
ディナー 約7,500円

※こちらのお店の価格は全て税別・サ別表記です

住 北九州市八幡西区黒崎5-4-24
電 093-621-5000
営 11:30～20:30（OS）
休 不定休
席 200席
払 VISA、MASTERのみカードOK
予 不要※予約が望ましい
駐 20台
煙 喫煙OK
交 JR黒崎駅より徒歩10分。
北九州都市高速黒崎ICより車で約10分

⑧

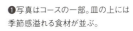

寿司を握る真剣な姿は、家族のために腕を
振るう父親のような温かみすら感じさせる。

北九州市小倉北区

寿司《スシ》 もり田《モリタ》

どれも醤油をつけずにそのままいただく。
一口、口にするとその丹精な味わいに感動を覚える。

いわずと知れた寿司の名店

誰もが知る名店のひとつ「寿司もり田」は、1980年の創業以来、北九州へ訪れたら一度は足を運びたい店として全国各地から訪れる人が後を絶たない。店は8席のみで、カウンター越しに高下駄を履いた大将が今日もせっせと寿司を握る。「席に座ったお客様と会話をしながら息が合う瞬間が楽しいですね」と満面の笑みを浮かべて話す大将の森田順夫さん。店内はいつも会話が飛び交い、温かい雰囲気に包まれている。その会話の中でどんなものが好きか、また、次の品を出すタイミングなどを自然と察知し、訪れたものは初めてでもその居心地の良さに酔いしれる。

　ここで口にするのは、関門海峡のタコや藍島周辺の鮑、サザエやウニといった近海で獲れる魚介をはじめ、新鮮な素材を一味唐辛子やアサツキなどの香味野菜を使う森田さんオリジナルの握りや一皿だ。その味わいはもちろん、どんな人にも気さくで温かい大将の人間味も〝またここに戻ってこよう〟と感じさせる大きな要素。

❶❸カウンターの横には予約の電話に応対する女将の姿。希望の日は既に予約がいっぱいだったようだが両手で受話器を握り電話口に向かって「また次お会いできることを楽しみにしていますので」と深々とお辞儀をする姿が印象的。❷『蛸の柔か煮』700円。海峡蛸を使ってじっくりと煮込んだ一品。❹『にぎり一人前』5,000円。全11貫。❺『季節の貝の刺身』800円。貝柱を使って新鮮な味を召し上がれ。❻『秋刀魚の刺身』500円。その日仕入れた北海道産の秋刀魚を使って。❼「大将と女将、息子と弟子と表のスタッフたちとで2015年にようやく35周年を迎えます。これも来てくださる皆様のおかげです。どうぞ一見さんも気兼ねなくいらしてくださいね」と女将。

Recommended
Menu

lunch & dinner

のどくろ（寿司）700円
はも（寿司）300円
ふぐの白子（寿司）1,000円
白魚（寿司）500円

¥ 平均予算
ランチ 約5,000円
ディナー 約13,000円

住 北九州市小倉北区魚町2-5-17 インクスポットビル2階
電 093-531-1058
営 11:30〜15:00
16:30〜21:00
休 水曜日
席 カウンター8席
払 カードはVISA、MASTERのみOK
予 要予約
駐 なし
煙 全席禁煙
交 JR小倉駅より徒歩約7分

※こちらのお店の価格は全て税別・サ別表記です

北九州市小倉北区

Ristotante Passo del mare

リストランテ　パッソ　デル　マーレ

オーシャンビューで味わう本格イタリアン

海沿いに建つ北九州国際会議場、その2階に店を構えるのがこちら「パッソデルマーレ」。市内でカフェやトラットリアなど数軒を展開するパッソグループは女性を中心に多くのファンが足を運ぶ。なかでもこちらのリストランテは、きらめく波の様子を一望できるオーシャンビューのロケーションが魅力的。ＪＲ小倉駅から徒歩約10分という立地でありながら、この開放的な雰囲気は、まるで旅行に出たかのような非日常を感じさせてくれる。そんな空間で味わう料理は、素材の美味しさを充分に引き出したイタリアン。海の幸、そして穫れたて野菜をたっぷりと味わうことができるピッツァやパスタのコース料理は、女子会で賑やかに味わうもよし、大切な人とゆったりとした気持ちで楽しむもよし。「今日は自分にご褒美！」とスパークリングワインと共に味わうのも、おすすめだ。聞こえてくる波の音と素敵な音楽をＢＧＭに、自分を元気にしてくれるランチタイムを過ごそう。

②

③

❶ランチの一例。きらきらと輝く波、明るく差し込む陽光。日頃の忙しさもすっきり忘れてしまいそう。

❷わいわいと賑やかなマリーナの雰囲気に、おしゃべりも弾む。夜は海沿いの夜景が美しい別の景色へ。クリスマスやお誕生日など、特別なひと時を演出してくれる。❸ランチの一例。厳選素材で作る本格ピッツァはワインやビールとの相性もGOOD!

Recommended
Menu

lunch
デルジョルノ 1,400円
プランゾ 2,100円
プランゾ スペチャーレ 2,900円

dinner
コースディナー 3,200円
パスタ 1,200円～
ピッツァ1,320円～

¥ 平均予算
ランチ 約2,000円
ディナー 約6,000円

住 北九州市小倉北区浅野3-9-30
北九州国際会議場2F
電 093-967-7361
営 11:30～14:30(OS)
17:30～22:00(OS21:00)
※14:30～16:00はカフェタイム
休 火曜日
席 70席、個室なし
払 カードOK
予 不要
駐 5台
煙 全席禁煙
交 JR小倉駅より徒歩10分

北九州市門司区

門司港ホテル　メインダイニング **ポルトーネ**

モジコウホテル　メインダイニング　ポルトーネ

関門海峡の絶景を眺めながら
絶品ホテルランチ

北九州市でも有数の観光地・門司港エリア。そのランドマークである門司港ホテルは、レトロ地区の中心にある。メインダイニング「ポルトーネ」は、遠くに関門海峡やレトロ地区の賑わいを眺めながら食事を楽しむことができる人気スポットだ。

眺望とともに味わうひと皿はどれも一流の料理人たちが手掛ける逸品ぞろい。海に面したレストランに相応しく、近海を中心に獲れた新鮮な魚介を使った料理や北九州をはじめ地元の野菜などをふんだんに取り入れている。門司港の名物として知られる『焼きカレー』もホテルメイド。野菜と肉をじっくりと煮込んだルゥとホワイトソースが絡み合う焼きカレーは全国のカレーフェスタで優勝した経歴を持つほど絶品の味わいだ。遠方から来た友人と門司港観光の際に立ち寄るにもおすすめ。ランチだけでなく、もちろんディナーコースも充実しているので、結婚記念日やクリスマス、還暦のお祝いといった記念日にも利用したい。

❷

❸

❹

❺

❻

❶『ガーデンランチ』2,970円。季節の野菜、新鮮な魚介、旨味たっぷりのお肉を使ったちょっぴり贅沢なランチコース。

❷❸❹シェフの感性が光るディナーコースはご夫婦やカップルの記念日にぴったり。❺ポルトーネの「焼きカレー」は2011年の全国カレーフェスタで優勝した実績を持つ。❻❼有名デザイナーが手掛けた特徴的な外観は門司港のシンボルになっている。

Recommended

Menu

lunch

プレミアムランチ 1,960円
スペシャルランチ 3,920円
焼きカレーランチ 1,960円

dinner

ロッシュ 6,930円
ギガル 9,600円
スプリーム 11,880円

¥ 平均予算
ランチ 約2,500円～
ディナー 約7,500円～

住 北九州市門司区港町9-11
電 093-321-1111
営 7:00～21:00（OS21:00）
日曜日のみOSは20:30
休 なし
席 70席（個室あり）
払 カードOK
予 不要
駐 60台
煙 分煙あり
（ランチタイムはテラス席のみ喫煙可）
交 JR門司港駅より徒歩1分

❼

大木とともに迎えてくれる古民家は、温かい雰囲気に包まれている。

Japanese

直方市上頓野

わびすけ新寮

ワビスケシンリョウ

『ひる膳』1,700円。季節の前菜、蒸し物、サラダ、主菜、ご飯、汁物、季節のデザート。それぞれ2～3種類のメニューの中から好きなものを選ぶことができるプリフィクススタイル。

緑に包まれた古民家で四季折々の料理を

竜王峡の麓、遠くに美しい山の緑を眺めながらドライブをしているとたどり着く。大木とともに迎えてくれる古民家は、温かい雰囲気に包まれている。予約中心の営業ながら、毎日多くの人で賑わう人気店だ。「市内で何店か営んでいた店を、去年この一店に集約させました。ここでは30年お店をしていますが、昔は口コミのみで年配の方が多かったのに、最近はインターネットで情報を得る若いお客様が多いですね。お客様の舌も目も肥えてきているので、ますます料理へのチャレンジが求められていると感じます」

　珍しいものだけで話題になっていた時代と違い、本物を求める人が増えている現代。そのニーズにこたえるべく、和洋にこだわらないメニュー構成でその季節に最も美味しいものを、いつも新鮮な形で提供している。「毎回同じものを作れないだけですよ。前に作ったものを忘れちゃうから、毎回新しいものになる（笑）。仕入れたものを、一番おいしい形で提供したいですね」

❻

❼

❶店内には広い座敷もあるので大人数での集まりにもいい。❷「わびすけ新寮」の外観❸❹立派な梁が美しい店内。懐かしい雰囲気と窓からの借景が、非日常を彩る。❺『ひる膳』1,700円。❻選べるデザートの中でも、「わびすけぜんざい」は不動の人気1位。控えめで優しい甘みが身体を喜ばせる。❼「山懐に抱かれた日本の原風景のなかで、季節の味に心を込めてお待ちしています」と、オーナーの小田俊明さん。

Recommended
Menu

lunch

季節の会席膳（3,500円）の例
季節の前菜五品、お造り、季節の蒸し物、季節のサラダ、パン窯シチュー、焼物または揚物、呉汁、季節の味ごはん、香の物、デザート、コーヒーまたは抹茶

¥平均予算
ランチ 約1,700円
ディナー 約3,500円〜7,000円

住 直方市上頓野442-1
電 0949-26-3750
営 12:00〜14:30
※夜は予約に合わせて営業
休 月曜日、第3火曜日
席 60席
払 カードNG
予 予約が望ましい
駐 20台
煙 分煙あり
交 JR直方駅より「なのはなバス」竜王峡行、終点一つ前のバス停前

北九州市小倉北区

天寿し《テンズシ》 京町店《キョウマチテン》

魂込めて届ける一貫 北九州に天寿しあり

写真提供:うどんが主食

毎朝5時半に起床して、一日の始まりには決まって看板を拭きあげる。店主の天野功さんが行う仕事初めの習慣だ。清掃を済ませた後は6時から一番出汁を取り、午前中に仕入れと味付けを済ませて店を開ける。夜9時頃に店を閉め、その日使った包丁を労わるように丁寧に研ぎ、10時半に自宅へ戻る。休みの日には噂を聞いた寿司屋へと全国各地を訪れその味わいを確かめる。自らの人生を〝寿司〟に注ぎこむ天野さんはこの道40余年。誰もが一目置く熟練の職人だ。この人に寿司を握ってもらいたいと、国内のみならず海外からも多くのゲストが足繁く通う、言わずと知れた名店「天寿し京町店」。「一期一会、ひとつひとつ最初で最後という気持ちで握らせてもらっています」と語る店主の命を吹き込んだ一貫は、本物を見極める大人たちを魅了してやまない。

昼も夜も同じメニューを堪能でき、値段も同一。決してお値打ちではないが、その一貫を前にすると常連客が〝人生の最後にはここの寿司を食べたい〟と口にするその意味を知る。

❶❷寿司のひとつひとつと向き合えるようにと、お酒をはじめ寿司以外のメニューは置いていないという徹底ぶり。❸店内は「天寿しを育てて下さったお客様の多くはご高齢でいらっしゃる。その方々が車イスでも来れるように」と一席一席の間隔を広く設けた段差のないバリアフリーのつくりを施している。❹❺❻塩やすだちで食べる"小倉前"の走りを築いた天野さんの父である先代。その技巧を継承して発展させ新たなファンを増やしている。また、寿司はもちろん店主の人柄にも魅了されるだろう。❼「天寿し京町店」の外観。

Recommended

Menu

lunch

10貫 15,000円〜
15貫 20,000円〜

dinner

10貫 15,000円〜
15貫 20,000円〜

※昼と夜のメニューは同一。昼から夜の贅沢な味わいを堪能できる。

¥ 平均予算

ランチ 約15,000円
ディナー 約15,000円

※こちらのお店の価格は全て税別表記です

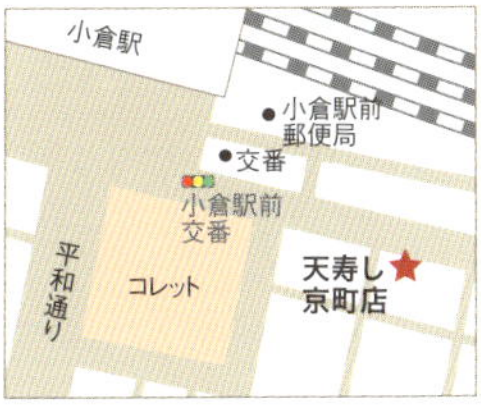

住 北九州市小倉北区京町3-11-9
電 093-521-5540
営 12:30〜15:30
17:00〜21:00
休 月曜日
席 カウンター 5席
払 カードNG
予 要予約
駐 なし
煙 全席禁煙
交 JR小倉駅より徒歩3分

真っ白なお皿をキャンバスのように、
鮮やかで繊細な料理が花開く。

❷ ❶

French

北九州市戸畑区

鞘ヶ谷ガーデン《サヤガタニガーデン》

❹

❺

❸

目の前の風景に癒され、ハーブティーでほっと一息。
流れる時間もゆっくりと感じられる。

まるで、映画のワンシーンのよう

北九州市立美術館からほど近い、小高い丘の上。燦々と光の差し込む大きな窓からは、鮮やかなグリーンの芝と白く可愛らしいチャペルが見える。まるで映画のワンシーンのようなのどかで美しい風景。1階はカフェスペース、2階がレストランとなっており、訪れる人は自由にこの場所でのひと時を楽しむ。純白に統一された店内。空間そのものを楽しめるよう席の間隔がゆったりと取られているのも嬉しい。運ばれてくる色鮮やかな料理をより風味豊かな味わいにしているのが、敷地内のハーブガーデンで育てられているフレッシュハーブたち。訪れる人に心からリフレッシュできる時間を過ごしてほしいというスタッフ一人ひとりの想いから生まれた手作り菜園だ。女性に人気の高いウエディングの会場としての枠を超え、心のこもったおもてなしを提供してくれる場所として知られているのも、こうした心配りにあると言えるだろう。レストランやカフェでは、手作りのハーブティーを味わうこともできる。

❶おいしさだけでなく、華やかさや食感にもこだわる。❷料理の一例。❸❹❺グリーンと純白のコントラストが美しいガーデン内の風景。❻「鞘ヶ谷ガーデン」の外観。❼新鮮な野菜をたっぷりと味わうことができるのも、魅力のひとつ。

Recommended
Menu

lunch
ディジョネ プチランチコース 1,800円

dinner
シェフおすすめディナーコース
4,300円、6,500円

¥ 平均予算
ランチ 約2,000円
ディナー 約6,000円

※ディナーは3日前までの予約制
※貸し切りの場合もあるので要確認

住 北九州市戸畑区西鞘ヶ谷町11-52
電 093-871-3333
営 11:30〜15:00(OS14:00)
17:30〜21:30(OS20:00)
休 火曜日
席 50席、個室なし
払 カードOK
予 不要
駐 25台
煙 全席禁煙
交 西鉄バス鞘ヶ谷競技場前バス停より徒歩3分

北九州市小倉北区

イタリア料理 ベルボスコ

イタリアリョウリ　ベルボスコ

1

料理のその向こう側まで見えるレストラン

この店は、本場イタリアのミラノや大阪の有名イタリア店で研鑽を積んだオーナーシェフ永田さんの食への思いがたくさんつまったレストランだ。市内の若松区で作られた野菜をはじめ、出来る限り地元の食材を使う信念を持っており、自身の料理を〝北九州イタリアン〟と呼ぶほどだ。

地域の人たちに愛される店でありたいと語る言葉どおり、美味しい料理と気さくで陽気な人柄も手伝い、家族連れからサラリーマンまで常連客も多い。

そんな人たちへ、料理になる前の食材がどのように作られているかを知って欲しいという願いから、生産者を訪ねるツアーも行っているという。何だか口にする料理も更に美味しく感じそうだ。

その他、不定期で様々な食のイベントも行われる。ワイン、日本酒、焼酎など様々なお酒とイタリア料理のコラボイベントなど興味深いものも。お皿の中だけではない、魅力あふれるレストランだ。

❷

❸

❹

❻

❼

❽

❶『ボスコランチ』2,160円。パン、サラダ、お好きなパスタ、お好きなメイン料理、デザート、コーヒーのセット。

❷『スップリおにぎりコロッケ』864円。お米の中にチーズがトロ〜リ。❸『茄子のスパゲティ』1,296円。茄子が沢山入ったピリ辛トマトソース。❹ランチ時にはビジネスマンや女性客などが多く訪れる。❺『バーニャカウダ』1,404円。ニンニク、アンチョビのスティックサラダ。❻「イタリア料理　ベルボスコ」のロゴ。❼お祝いやパーティーなどにおすすめの個室。レストランフロアから分かれているので周りを気にせず楽しめる。❽「季節の単品料理、コースなど沢山揃えております。ぜひ、気軽にお越し下さい」とオーナーシェフの永田さん。❾「イタリア料理 ベルボスコ」の外観。

Recommended
Menu

lunch
パスタランチ 918円〜
フィオーレランチ 1,620円
季節のコースランチ 3,240円

dinner
ピッツアパスタセット 2,700円
ディナーコース 3,780円

平均予算
ランチ 約1,500円
ディナー 約3,000円

住 北九州市小倉北区足原1-1-17
ニナタビル1F
電 093-533-5669
営 11:30〜14:00(OS)
18:00〜21:00(OS)
休 月曜日(祝日の場合は翌日振替)
席 24席、個室1
払 カードOK
予 予約が望ましい
駐 6台
煙 分煙あり
交 西鉄バス神岳バス停より徒歩5分

❾

北九州市小倉北区

湖月堂《コゲツドウ》 喫茶去《キッサコ》

老舗和菓子店で楽しむ和洋のランチ

「栗饅頭」や「ぎおん太鼓」などの銘菓で知られる和菓子店・湖月堂。京町にある本店には喫茶や食事ができるレストランがある。店に一歩足を踏み入れると、繁華街にあることを忘れてしまうほど、落ち着いた雰囲気が流れている。メニューはランチ、ディナーとも共通で和菓子と同様、素材にこだわっている。その姿勢が最も感じられるのが『湖月弁当』。約1ヶ月半ごとに内容は替わる。大切にしているのは季節感。「旬の素材を惜しみなくそして彩りよく使い、そしてどの料理も手作りで仕上げています。また、盛りつける器も料理に合わせて毎回演出を変えているんですよ」とホールを預かる竹山マネージャー。和食のほかにもハンバーグやパスタなど洋食メニューも揃っているのも嬉しい。また3階にはホールと個室があり、ここでは会席料理をいただくこともできる（要予約）。「地元の企業の会議や、ご家族やグループでのご会食などに利用していただいています」。

❷

❸

❺

❻

❹

❶季節を映す色とりどりの食材をふんだんに使った『湖月弁当』。約1ヶ月半でメニュー内容は変わる。

❷1階のガラス張りの吹き抜けには中庭があり、季節を感じることができる。3階には会議や宴会もできる個室があり、会席料理はこちらの空間でいただく。❸スープパスタなど麺類のメニューもある。なかでも人気は『鍋焼きうどん膳』だ。あつあつをいただこう。❹老舗和菓子店の直営店だけに、甘味は充実。おすすめは『おやつ洋セット』。「『白玉ぜんざい』や『パフェ』などのスイーツも提供していますので、お食事だけでなく、ティータイムにもお気軽にお越しください」とマネージャー。❺厳選された黒毛和牛の粗挽き肉を使った『ハンバーグステーキ膳』。❻『和食会席料理コース』3,500円、4,500円、5,500円。

Recommended
Menu

lunch & dinner

湖月弁当 2,280円
ハンバーグステーキ膳 1,480円
鍋焼きうどん膳 1,380円
おやつ洋セット 1,050円
和食会席料理コース
3,500円、4,500円、5,500円

¥ 平均予算
ランチ 約1,500円
ディナー 約1,500円

住 北九州市小倉北区魚町1-3-11
電 093-521-0753
営 11:00～21:30
休 なし
席 250席（個室あり）
払 カードOK
予 会席料理のみ要予約
駐 なし
煙 喫煙OK
交 JR小倉駅より徒歩約3分

北九州市若松区

金鍋《キンナベ》

①

文豪も愛した明治から続く料亭の味

表門に掲げられた「国登録有形文化財」の案内。威風堂々とした佇まいに風格と品位、そして時代の重みを感じさせられる。明治28年に創業したという、県内で最も古い歴史を持つこちらの料亭には、「花と龍」「麦と兵隊」でおなじみの芥川賞作家・火野葦平も足しげく通ったという。店内には「葦平の間」も当時のまま残されており、ここで執筆されていたのかと思うと文芸ファンのみならず感慨深い。

創業者が明治期に横浜で出会った「牛鍋」に感銘を受け、「九州にも牛肉文化を」というのが開業の経緯だけに、今でも牛を使ったコースが一番人気。『牛すきコース』では国内最高峰和牛の一つである伊万里牛を、たっぷりの焼ねぎと昆布でダシをとった、伝統の割下で炊き上げる。『牛鍋コース』は、牛を日持ちさせるために味噌に漬けて運んでいたその時代のままの調理法を今も受け継ぎ、厚切りにした伊万里牛を八丁味噌で調理する。百余年に亘る名物料理だ。

❶『お昼の懐石』4,104円。料亭の懐石料理をお手頃価格で楽しむことができる、ランチタイムならではのコース。

❷『ふぐコース』10,800円～。❸「金鍋」の外観。国の有形文化財に登録された壮麗な料亭建築。この門を数多くの要人たちがくぐった。❹国内最高峰和牛の一つである伊万里牛を、たっぷりの焼ねぎと昆布でダシをとった、伝統の割下で炊き上げる。『牛すきコース』7,560円。❺明治28年に創業したという、県内で最も古い歴史を持つ料亭。国登録有形文化財。

Recommended
Menu

lunch & dinner

牛すきコース 7,560円
牛鍋コース 7,560円
魚すきコース 7,560円
牛しゃぶコース 6,480円
鴨なべコース 4,320円
鶏水炊きコース 4,320円
雪懐石 5,400円
ふぐコース 10,800円～

¥ 平均予算
ランチ 約6,000円
ディナー 約8,000円

住 北九州市若松区本町2-4-22
電 093-761-4531
営 11:00～15:00
17:00～22:00
休 不定休
席 150席
払 カードNG
予 要予約
駐 なし
煙 喫煙OK
交 JR若松駅より徒歩3分

北九州市小倉北区

寿司《スシ》 竹本《タケモト》

正統さと柔軟さを併せ持つ
寿司職人のおもてなし

❶

❷

❸

暖簾をくぐると心地よい音楽が。ここから先はご主人・竹本さんがお客様を最高のサービスでもてなすために計算された妥協のない世界。大理石の壁に大きな一枚板の白木のカウンター、椅子はゆったりと座り心地の良いカッシーナ。店の設え、器の美しさ、寿司が出されるタイミング。最高の味とこれら全てがバランスよく揃うことで、ここでしか味わうことが出来ない満足を与えてくれる。

寿司は生粋の江戸前。シャリには赤酢を使用している。もちろん出汁や味付けに自然食材を使用するなど、食材にも妥協がない。

❶❷❸❹❺3種のランチコースがある。『高雄』一人前5,000円。寿司竹本の味をカジュアルに楽しめる、お昼のおまかせにぎりコース。『嵯峨野』一人前8,000円。『高雄』をよりグレードアップした、お昼のおまかせコース。『嵐山』一人前10,000円。店主おすすめの寿司を堪能できる、お昼のおまかせにぎりコース。

❻店の奥には1200本以上の竹本さんが直接フランスまで買い付けに行ったものなど、ビオワインをはじめとする厳選されたワインが並ぶセラーがある。ぜひ、おすすめの組み合わせを尋ねてみては？❼「寿司 竹本」の外観。

Recommended

Menu

lunch

高雄 一人前5,000円
嵯峨野 一人前8,000円
嵐山 一人前 10,000円

lunch & dinner

おまかせ
12,000円～20,000円

¥ 平均予算
ランチ 約10,000円
ディナー 約20,000円

※こちらのお店の価格は全て税別表記です

住 北九州市小倉北区片野1-4-7
電 093-981-0140
営 12:00～14:00
18:00～22:00
休 月曜日
席 16席
払 カードOK
予 要予約
駐 2台
煙 全席禁煙
交 北九州モノレール香春口三萩野駅より徒歩5分

Japanese

北九州市小倉北区

日本料理《ニホンリョウリ》 祇園《ギオン》

❶

伝わるおもてなしの心

ご家族のハレの日、そして法要までの大切な日を格調高いおもてなしと会席料理で思い出に残るひとときに。ひとつひとつのシーンに応じた細やかな気配りも愛され続ける理由のひとつといえるだろう。

そんな日本料理祇園では、地元・小倉の味を大切に地元の食材を始め厳選された旬の山海の幸を使用した繊細で器の中に季節のうつろいを感じられる美しい料理が堪能できる。

冬の期間のみ味わえる、河豚をふんだんに使用した河豚会席は特に人気で毎年楽しみに通う人たちも多い。大切な日には、ぜひ利用したい。

「百日のお祝いプラン」5,000円～
「同窓会プラン」6,000円～
「法事法要コース」5,000円～
「初誕生プラン」5,000円～
「しあわせプラン(ご結納)」120,000円～
など豊富なプランも

❷

❸

❹

❺

❶『季節の会席料理』4,500円～。地元の食材を中心とした季節の食材を贅沢に使用した特別会席。写真は6,000円の会席。

❷『河豚会席』10,000円～。河豚をふんだんに楽しめる冬限定の会席料理。❸「お子様のお食い初めや、1歳のお祝いも受付けております。お気軽にお問い合わせ下さい」と料理長。❹「日本料理　祇園」の外観。❺『祇園鍋会席』5,000円～。季節の食材を使用した寒い冬にぴったりの鍋会席料理。12月～1月限定。❻『松花堂弁当』3,500円～。平日お昼限定の祇園特製のお弁当。

Recommended

Menu

lunch

季節の会席料理 4,500円～
松花堂弁当 3,500円～
河豚会席 10,000円～
（12月～1月限定）
※夜も受付けております。

dinner

季節の会席料理 5,000円～

¥平均予算
ランチ 約4,500円
ディナー 約5,000円

※こちらのお店の価格は全て税別表記です

住 北九州市小倉北区浅野1-1-1 ステーションホテル小倉 7F
電 093-512-0377
営 11:30～22:00
休 なし
席 116席、個室3、大広間1
払 カードOK
予 要予約
駐 370台
煙 喫煙OK
交 JR小倉駅より直結、徒歩3分

❻

季節によって表情を変える美しい庭。

北九州市小倉北区

観山荘別館《カンザンソウベッカン》

椅子のあるお座敷は幅広い世代の方がくつろいで食事を楽しめる。

北九州屈指の料亭で過ごす 特別な時間

北九州市内で特別な食事会を…と考えた時に、まず名前が挙がる一軒と言っても過言ではないだろう。風格に満ちた玄関を潜ると、数寄屋造りの空間が静かに出迎えてくれる。桜にツツジ、枝垂れ梅…、四季折々の花々が彩る枯山水の庭園を臨む部屋のひとつひとつは、格式の高さと共にゆったりとした落ち着いた雰囲気を演出する。子どものお食い初めや初節句、入学卒業のお祝い、結納、婚礼、還暦や米寿のお祝いなど、人生の大切な節目となる会食の場は観山荘別館で、と決めている家庭も多いことだろう。もちろん、忘年会や新年会、同窓会など大人数での会食も、日本の伝統を感じる空間の中で楽しむことができる。料理は、新鮮な山海の幸をふんだんに使った洗練された懐石料理。熟練の職人の技が光る冬のふぐ・あら料理を毎年楽しみにしている長年のファンも多く、地元小倉に愛される料亭として、静かに歴史を重ね続けている。

⑥

⑦

❶婚礼や還暦祝いなど家族の大切な日を、より特別に感じさせてくれる雰囲気がある。❷料理は季節によって変わるので、予約の際は予算に応じた内容の相談を❺ふぐ料理や烏賊の活き造りなどを味わえる、料亭ならではの細やかな技が光る懐石料理。❸枯山水の庭園を臨みながら特別な時間を過ごす。❹夜になるとライトアップされた庭園が、雰囲気をより素敵に演出してくれる。❻「北九州食のブランド」にも認定された『生粋 料亭めんたいこ』はお土産にもぴったり。❼のれんを潜る瞬間から始まる、料亭ならではの非日常の空間。

Recommended Menu

lunch

花会席 3,500円

花御膳 2,500円

dinner

懐石 7,000円コース(サ・税別)

懐石 15,000円コース(サ・税別)

¥ 平均予算

ランチ 約4,000円

ディナー 約12,000円

住 九州市小倉北区三郎丸3-10-41

電 093-941-2151

営 11:30〜15:00(OS13:30)
17:30〜21:30(OS19:30)

休 年末年始(12/29〜1/1)

席 100席、個室あり

払 カードOK

予 要予約

駐 27台

煙 喫煙OK

交 北九州モノレール片野駅より徒歩7分

座敷もあるので大人数でのパーティや小さいお子様連れにも安心。

Italian

北九州市小倉南区

Sereno Osteria

セレーノ　オステリーア

人気の『プレートランチ』はサラダ、スープ、オードブルにメインの肉料理とパンがひと皿に乗ったボリュームたっぷりのメニュー。

のんびり、ゆったり みんなでイタリアン

❶2階席は屋根裏部屋のような楽しい空間。❷座敷席。❸テーブル席。❹オープンテラス席もあり、ガーデンパーティーにもおすすめ。❺『プレートランチ』1,100円。❻❼イタリアンの王道『パスタ』(980円～)はオイル、トマト、クリームからお好みのものを。ディナータイムには60種類が揃う。❽「Sereno Osteria」の外観。❾「美味しい料理を存分に楽しんでいただきたいとランチタイムにバイキングをはじめました。現在は日曜日と月曜日のみですが、好評ならバイキングを拡大する予定です」と店長。

小倉の市街地から車で20分ほど。ここはファミリーで楽しめるイタリア料理のお店として地元で愛されている。２０１３年にメニューを一新し、オイル、トマト、クリームをベースにしたパスタが各20種類、合計60種類とイタリアンをベースとした様々な料理が楽しめるようになった。ランチタイムにも自慢のパスタは人気メニューだ。トマトとクリームはもちもちした食感の生パスタでも提供しているので、お好みでどうぞ。ボリュームたっぷりの『プレートランチ』もおすすめ。サラダにオードブル、メインの肉料理とひと皿に料理人のアイデアが一堂に盛りつけられている。女性はもちろん、ガッツリ系の男性でも満足のランチなのだ。ランチ後に楽しみたいスイーツは全てお店での手作り。お得な料理とのセットもある。子ども用のランチメニューや座敷席など家族でもゆっくり安心して食事を楽しめるのもこの店の嬉しいところ。次の週末、家族揃って出かけてみよう。

Recommended Menu

lunch

ピザランチ 980円

ランチフルコース 1,980円

ランチバイキング(日・月曜日)

大人(中学生以上)1,480円、小学生980円、小学生未満480円

dinner

ディナーフルコース 2,980円～

新潟産雪室熟成豚のグリル 1,380円

塩ウニのカルボナーラ 1,380円

自家製ドルチェ盛り合わせ5種 1,200円

￥平均予算

ランチ 約1,100円～

ディナー 約2,500円～

住 北九州市小倉南区横代北町3-16-20

電 093-962-0444

営 11:00～15:00(OS14:30)
18:00～22:30(OS21:30)

休 年末年始

席 64席(個室2、テラス席5)

払 VISA、MASTER

予 不要(ランチフルコースは前日までに要予約)

駐 16台

煙 分煙あり(ランチタイムはテラス席のみ喫煙可)

交 西鉄バス農事センター入り口バス停より徒歩5分

北九州市若松区

魚庵《ギョアン》 千畳敷《センジョウジキ》

青い海と、日本庭園、そして鮮度抜群の魚

広大な敷地には趣ある日本家屋と、美しく手入れの行き届いた日本庭園が広がっている。庭園の先には、真っ青な玄界灘。白波と青空、そして芝生の緑が見事なコントラストを見せる。

格調高い建物にふさわしく、料理も洗練された華やかな御膳が並ぶ。結納や両家の顔合わせ、長寿のお祝いなどの席で人気の『お祝会席』や、飲み放題がついた宴会プランなど、どのコースでも主役となるのは、やはり玄界灘の魚介類。イカ、鯛、伊勢海老の活き造りあり、あわびの踊り焼きもあり。地元の漁師さんと協力し、玄海直送の海の幸を最高の状態で出している。老若男女、魚好きの日本人であればだれもが喜ぶ、折り紙つきの鮮度と品質だ。

また、相談に応じて市内へ無料の送迎バスを出すなど、顧客サービスも充実。おかげで法要や還暦祝いなど、家族・親族が集まる席に利用する人も多い。

❶『あわびの踊り焼き御膳』2,800円税・サ込で3,326円)。付出し、小鉢、鮮魚3点盛、あわびの踊り焼き、天ぷら、茶碗蒸し、ご飯、吸い物、漬物、デザート。

❷『お手軽会席』2,500円(税・サ込で2,970円)❸2名から80名まで、用途に合わせて選ぶことができる個室はなんと、全12部屋。掘りごたつ部屋や座敷部屋など、希望があれば予約時に伝えよう。❹食事の前後にはぜひ庭園散策を。日本庭園の先には玄界灘が広がる。❺法要や還暦祝いなど、家族・親族が集まる席に利用する人も多い。❻10月から3月までの冬期限定の人気コースは『とらふぐ会席』。冬の味覚の王者が、ランチタイムにはお手頃価格で楽しめる。❼外観。

Recommended Menu

lunch(平日限定ランチ)

活きイカコース 2,800円
(税・サ込で3,326円)
※4〜10月頃までの期間限定

お手軽会席 2,500円
(税・サ込で2,970円)
会席料理 4,320円〜

ふぐ御膳 2,800円(税・サ込で3,326円)
ふぐコース 16,200円
※10〜3月までの期間限定(要予約)

¥ 平均予算
ランチ 約3,000円
ディナー 約7,000円

※こちらのお店の価格は全て税別表記です

住 北九州市若松区有毛片内3175
電 093-741-1191
営 平日11:30〜21:30(OS20:00)
日祝11:30〜21:00(OS19:30)
休 火曜日(祝日の場合は翌日)
席 200席(個室12室)
払 カードOK
予 予約が望ましい(土日は要予約)
駐 50台
煙 分煙あり
交 JR折尾駅より車で20分

見た目にも美しい色とりどりの品がずらり。繊細な味わいがリピーターを生む。

Japanese

北九州市八幡西区

公孫樹の木

イチョウノキ

団体での予約も多く、座敷席は広々と設けている。会社の懇親会や親族の慶事の席などでも利用したい。

四季折々の表情を楽しめる 丘の上の一軒

こちらの店は、住宅街を抜けて坂を上ると辿り着く。木々に囲まれ、耳をすますと鳥のさえずりも聞こえてくる。「ここは看板を置いていないんです。ちょっと見つけづらいかもしれませんが、人に見つからないような所に店を出せたらと思っていて。それでここに決めたんです。見つけてくださった方にいい店発見したなと思ってもらえたら」と話す店主の森安富夫さん。以前は、関西にあるホテルの料理長を任されていたり、結婚式場の料理を手掛けていた。料理人一筋の確かな腕が口込みを中心に常連客を増やしている。ここの看板メニューのひとつ、出汁との絶妙なバランスが自慢の『豆乳鍋』は常連の間でも好評な一品だ。「和食を基本に、洋食や中華の要素も取り入れてどんな人の口にも合う料理を心がけています。なかでも、豆乳鍋はぜひ一度食べてもらえたら。京風の味付けなので九州でこういった味はなかなか無いかもしれませんね。年配の方にもおすすめです」

❼

❽

❶『公孫樹御膳』2,700円。❷店の奥にはテラス席があり八幡の景色を眺めることができる。❸テーブル席からは緑豊かな外の風景を楽しめる。❹「公孫樹の木」の内観の様子。❺コースの一部『伊勢海老のグラタン』。❻重厚感のある店構え。周りには整えられた植栽があり、落ち着いた雰囲気。❼「公孫樹の木」の外観。❽素材ひとつひとつの皿の上での見せ方にもこだわる。

Recommended Menu

lunch
紅葉御膳 1,700円
公孫樹御膳 2,700円
桜華御膳 3,750円

dinner
3,800円コース
4,500円コース
5,500円コース
8,700円コース

¥ 平均予算
ランチ 約2,700円
ディナー 約5,000円

住 北九州市八幡西区西鳴水2-27-10
電 093-641-7678
営 11:30~15:00
17:00~22:00
休 不定休
席 85席(和室5部屋含)
払 カードOK
予 不要※予約が望ましい
駐 20台
煙 分煙あり
交 JR黒崎駅より車で約10分

※こちらのお店の価格は全てサ別・税別表記です

Japanese

北九州市小倉南区

かりほ庵

カリホアン

本当の贅沢を味わえる場所

見渡す限りの美しい樹々の緑に囲まれた福智山の山間に佇む「かりほ庵」。百人一首にある天智天皇の句にも詠まれた農作業のための粗末な仮小屋「かりほ」から名付けられたというが、その威風堂々とした佇まいからは歴史の重みさえ感じさせられる。それもそのはず、立派な梁や柱などは大分県から築100年の古民家のものを移築し、組み立てられたものだという。古い中にどこか斬新な印象の建物の内装はすべて、店主の芳野薫一さんが1年という歳月をかけて仕上げていったというから驚きだ。

全ては日本本来の〝美〟の大切さを再認識できる場を作りたかったからと芳野さんは語る。それは黒光りする梁や柱、生けられた四季折々の華、そして自身が作家として手がける器や木工家具も、この場の美しさをつくるのに欠かせない要素なのだろう。ここでしか得ることが出来ないひととき。山間の庵まで足を伸ばす価値は大いにありそうだ。

❶❷❸忙しい日常を忘れさせてくれる「かりほ庵」。❹『おまかせ膳』2,500円。食前酒、先付け、煮物椀、蒸し物、揚げ物、炊き込みご飯、デザート、珈琲など全10品。季節により内容は変わる。1日20名様限定、2日前予約。❺『ぜんざい』700円。輪島のお椀に入ったぜんざいをアンティークなお盆に乗せて。❻『お抹茶』600円。ほっと落ち着いて頂けるようなお抹茶をお菓子とともに。❼『珈琲』600円。季節のお菓子をアクセントに。

Recommended

Menu

lunch & café

おまかせ膳 2,500円
ぜんざい 700円
お抹茶 600円
珈琲 600円

¥平均予算

ランチ 約2,500円

住 北九州市小倉南区大字頂吉1561
電 093-451-6639
営 12:00～17:00
休 日曜日(喫茶は営業)、年末年始
席 20席
払 カードOK
予 要予約
駐 10台
煙 全席禁煙
交 北九州モノレール徳力嵐山口駅より車で10分

❷

❶ コースは1,500円と3,500円の2種類。ランチ・ディナー共に事前予約が必要なので「この日に絶対行きたい!」という人は忘れず早めにお電話を。写真は『本日のランチコース』1500円より。

French

北九州市小倉北区

nala《ナラ》

❻

❹

❺

❸ 石積みの壁が外壁のアクセントになった可愛らしい雰囲気のお店。地下に駐車場はあるが広くはないのでご注意を。

幸せ気分になりたい日は、この場所へ

到津の森公園そばの急な坂道、その途中に建つ一軒のレストラン。扉を開くとどの席からも楽しげな声が聞こえてくる。用意されているランチコースは2種類。決まったメニューはなく、仕入れ状況によってシェフの松井康さんがその日の料理を考えるスタイルだ。魅力ある素材が料理人にインスピレーションを与える。信頼できる農家から直接仕入れている野菜をふんだんに使った一皿は、ボリュームたっぷり。しかし、調理の際バターなどを控えているため、意外なほどあっさりと完食できる。前菜、メインと進み、繊細な料理の後、最後のコーヒーを味わう頃には、幸せの溜息が聞こえてくる。オープンしたのは7年前。フレンチのお店を開こうと緑多いこの地にやってきた松井さんと妻の登紀江さん。夫婦二人三脚で店を切り盛りし、気付けば予約必須の人気店となっていた。これからさらに料理やサービスの幅を広げいくことが期待される。

❶この日のメインは『天然スズキの炭焼きと大分県産ムール貝の泡のソース』。淡白なスズキに添えられた芳ばしい香りとムール貝のソースの深い旨味が好相性。❷「お昼は明るく爽やかな雰囲気、夜はしっとりと落ち着いた雰囲気の中でお食事を楽しんでください。冬になると暖炉も活躍しますよ!」とオーナーシェフの松井康さん。❸「nala」の外観。❹『とろけるプリンに紅玉のコンポートとガトーショコラを添えて』。多彩な甘みと酸味のバランスがGOOD!❺❻登紀江さんもお気に入りという天井が高く開放感たっぷりの店内。肩肘を張らずに楽しめるあたたかい雰囲気がある。❼前菜で登場した『秋の根菜とおいも豚のリエット』。臭みはなく、薄く切ったカブのパリッとした食感が楽しい。パンにたっぷり塗ってどうぞ。

Recommended

Menu

lunch
1,500円コース
3,500円コース

dinner
3,500円コース
5,500円コース
7,500円コース

¥ 平均予算
ランチ 約2,000円
ディナー 約6,000円

住 北九州市小倉北区上到津4-15-3
電 093-651-1315
営 12:00～13:00(OS)
18:00～22:00(OS)
休 水曜日
席 20席、個室なし
払 カードNG
予 要予約
駐 4台
煙 全席禁煙
交 西鉄バス到津の森バス停より徒歩5分

『リップランチ』はメイン料理かパスタが選べる。自家製の焼きたてパンが食べ放題なのも嬉しい。アラカルトメニューも充実。ワインと一緒に楽しもう。

❷ ❶

北九州市小倉北区

BRASSERIE LIPP

ブラッスリー　リップ

❺

お客さんが持ち歌や楽器演奏を披露するアットホームな音楽イベントを不定期で開催。

「楽しい」がいっぱい味わえるレストラン

朝には新鮮な野菜や焼き立てのパンが並ぶ店先。「お店で使っている野菜や自家製のパンを販売しているんですよ」とオーナーシェフの入江さん。野菜は北九州近郊や山口まで仕入れに行くのだそうだ。魚は近海もの。これも自ら見立てて納得のいくものしか使用しない。シェフの素材にかける情熱は止まらない。「定期的に和牛のホルモンを一頭分買って、トリッパや煮込みなど様々な料理として提供しています。手間もコストもかかりますが、お客様が喜んでくれるから止められませんね」と入江シェフは笑う。その笑顔と料理に魅かれて多くの常連たちがこの店に通うのだ。シェフ、スタッフ、そしてお客たち。みんなが主役の音楽イベントなども開催しているというから、その絆は堅い。こうして毎日のように足を運んでくれる人々のために、シェフは美味しくかつ身体に良い料理を出したいと、新鮮野菜をたっぷりつかったレシピにこだわっている。マルシェもそのような野菜への思いから始まったようだ。ランチタイムはそうした野菜を素材やソースに使ったパスタがメインの『リップランチ』を中心に『ミニコースランチ』などが楽しめる。

❶料理の一例。❷毎朝手作りで焼き上げるパンは絶品！❸「朝はマルシェ、昼はランチ、夜はディナーやバーとして。アットホームな雰囲気のお店です。気軽に覗いてみてください。」と入江シェフ。❹店頭のマルシェではお店で使うものと同じ、近くの農産地から運んできた野菜の販売を行っている。❺北九州や山口近海で獲れる魚介や地元産の新鮮な野菜を素材に、シェフが腕を振るう。❻目印の看板。❼店内はもちろん、春や秋の晴れた日はテラス席でのランチもいい。

Recommended
Menu

lunch
リップランチ 1,080円
ミニコースランチ 2,160円

dinner
シェフセレクト 3,240円
本日のおまかせ 5,400円
ビストロセット 2,160円

¥ 平均予算
ランチ 約1,000円～
ディナー 約3,000円～

住 北九州市小倉北区大手町3-1
電 093-581-6503
営 11:30～15:00
18:00～22:00
休 月曜日
席 30席（カウンター、テラス席あり）
払 カードNG
予 予約が望ましい
駐 なし
煙 ランチタイム／禁煙、ディナータイム／分煙
交 北九州モノレール旦過駅より徒歩8分、西鉄バス小倉北区役所前バス停より徒歩1分

❷ 和室も用意されているので、慶弔時の家族や親族の集まりごとにもいい。

❶

Japanese

直方市頓野

はぎの家

ハギノヤ

❹

❺

❸ 身体に優しい料理を目指していくうちに、使う食材までこだわるように。ぶどう畑が野菜畑に生まれ変わった。

野菜から手作り！
姉妹で紡ぐ、身体に優しいご飯

お姉さんがホールを、妹さんが厨房を担当と、姉妹で営む創作和食の店。店の隣には完全無農薬・無化学肥料で育てる畑があり、こちらで栽培した有機野菜を店でも用いている。

「身体に優しい料理を目指していくうちに、使う食材までこだわりたくなって、野菜を作りはじめました。畑の作業も忙しいので、店は月曜と火曜の週に2回、休ませていただいています」とお姉さん。手塩にかけた美味しくて安全な野菜は、夏季になると少量だが店頭で販売もしている。

妹さんが紡ぎだす料理の数々は、身体にも心にも温もりを感じさせる優しい味わい。真摯に畑と料理に向き合う姉妹の姿が、誠実で優しいこの店の雰囲気を作り上げているのだろう。

陽光が差し込む大きな窓の外には福智山が臨め、この町の豊かな自然を目で楽しむことができる。和室も用意されているので、慶弔時の家族や親族の集まりごとにもいい。

❶『尺岳膳』2,200円。前菜3種盛り、お造り、煮もの、茶碗蒸し、華味鳥の溶岩焼、黒米ご飯、みそ汁、香の物、デザート、コーヒー。❷集まり事に重用したい和室の内観。❸「はぎの家」の外観。❹窓の外に広がる緑の景色が心地よい。❺店の隣には完全無農薬・無化学肥料で育てる畑があり、こちらで栽培した有機野菜を店でも用いている。❻クラシック音楽が流れる落ち着いた雰囲気の店内。❼「お酒好き」と自称する姉妹だけに、お酒の品ぞろえも豊富。繊細な野菜料理に合う優しい味わいのものも多い。

Recommended
Menu

lunch & dinner

高取膳 4,200円
高取膳（おぼろ豆腐抜き） 3,600円
福智膳 6,000円
（前日まで要予約）
福智膳 5,400円
（一品抜き・前日まで要予約）

平均予算
ランチ 約2,500円
ディナー 約4,000円

住 直方市頓野1337-5
電 0949-29-0038
営 11:30～14:30
17:30～21:00
休 月曜日、火曜日
席 46席（和室2、テーブル席）
払 カードNG
予 要予約
駐 11台
煙 全席禁煙
交 筑豊電鉄感田駅より徒歩30分

フランスやイタリア産のビオワインも豊富に取り揃えているので、ワインとのマリアージュを楽しもう。

常連客お気に入りの場所がこちらのオープンキッチンを前にしたカウンター席。

French

北九州市小倉北区

LA NATURE OHNO《ラ　ナチュール　オオノ》

本場仕込みのフレンチをカジュアルに気軽に愉しんで

小倉井筒屋から歩いてすぐの場所に位置するお店、「ラ ナチュール オオノ」。扉を開けて中に入ると、右にはテーブル席、左にはオープンキッチンに面したカウンター席を設けている。明るい雰囲気の店内は男女問わず一人で訪れてもゆっくりと寛げる空間だ。

こちらのオーナーシェフ・大野政文さんは福岡市内の某有名フレンチレストランで修業した後、本場フランスへ単身渡仏。現地の雰囲気を肌で感じ、さらに腕を磨いてきた。その後、帰国して東京のレストランを経て、地元に店を出したいという兼ねてからの夢を実現してオープンした。オーナー自ら毎朝市場で買い付けた食材を使うランチのメニューは1500円～コースを用意。近隣で採れたみずみずしい野菜をふんだんに使った前菜から始まり、肉か魚か選ぶ、もしくはどちらも楽しめるメインを味わって、デザート、そして食後のコーヒーまで楽しめる贅沢なコース。昼時ともなると、近隣のマダムや仕事の合間に訪れる人など、店内は連日賑わいをみせる。

❶❷自分の店を出すときはオープンキッチンのある店に、と思っていたという大野さん。ここではシェフとの会話を楽しみながら、またその手捌きを見て臨場感溢れる空間を堪能できる。❸❹❺❻❽飽きのこない奥深い味わいとヘルシーさを両立させたカジュアルフレンチ。口こみを中心にリピーターが増加中。❼煉瓦造りの壁やところどころに置かれたフランスの置物など、店内は明るい雰囲気でフランスのレストランに訪れたよう。

Recommended
Menu

lunch

1,500円コース
2,300円コース
3,500円コース
(前菜盛り合わせ、メイン(魚または肉)、本日のデザート、コーヒーor紅茶)

dinner

4,500円コース
(アミューズ、前菜盛り合わせ、前菜2品、魚、肉、パン、デザート)

その他アラカルトあり

¥ 平均予算
ランチ 約2,000円
ディナー 約5,000円

※こちらのお店の価格は全て税別・サ別表記です

住 北九州市小倉北区船場町6-1 麻布ビルB1
電 093-511-3130
営 12:00～23:30
休 月曜日(祝日の際は火曜日)
席 19席(テーブル6席、カウンター7席)
払 カードOK(ランチはカードNG)
予 不要
駐 なし
煙 全席禁煙
交 JR小倉駅より徒歩10分。小倉井筒屋より徒歩1分

九州ならではの旬の食材をシェフが目の前で焼き上げる鉄板焼レストラン。
「北九州の街を一望できるのも魅力のひとつです」と、マネジャー。

北九州市小倉北区

鉄板焼《テッパンヤキ》 なにわ《ナニワ》

③

④

②『響』5,940円。高級食材の中からお好みの一品を選んでいただく平日限定のお得なランチ（※1日10食限定）。

最高の眺望とともに味わう ホテルの鉄板焼

普段とはちょっと違う贅沢なひとときを大切な人と過ごしたい。こちらのお店はそんな方におすすめしたい場所。目の前の鉄板では、シェフの鮮やかな手さばきで最高の料理が焼き上げられていく。見事なパフォーマンスと、ジューシーな香り。時にはシェフとの会話も楽しみながら、五感を刺激される贅沢なひとときを堪能できるのだ。

あとは何といっても28階からの見事な眺望。ランチタイムには北九州の街並越しに広がる関門海峡を眺めながら食事を楽しめる。

「ランチタイムは、鉄板焼なにわの味を知っていただくきっかけとしてもらいたいので、ディナーでは出来ないかなりお得なラインナップをご用意しております。鉄板焼は初めてという方もぜひ、気軽にご来店ください」とシェフの澤嶋さん。

❺

❻

❶「鉄板焼 なにわ」の内観28階からの見事な眺望。❷『響』5,940円。❸『ステーキランチ』2,000円。1日10食限定。❹シェフが目の前で旬の食材を焼き上げる。❺❻『足立山』5,000円。2ヵ月毎にメニューが変わる。※メニュー内容により料金が変わる場合あり。2015年1～2月中のメニュー写真。

Recommended Menu

lunch

ステーキランチ 2,000円
足立山 5,000円
鉄板焼ランチ 2,970円

dinner

巌流 7,722円
九州産和牛サーロイン鉄板焼コース 10,692円
小倉 11,880円

¥ 平均予算

ランチ 約3,000円
ディナー 約12,000円

※表示料金は税金・サービス料を含みます。

住 北九州市小倉北区浅野2-14-2 リーガロイヤルホテル小倉28F
電 093-531-1070(レストラン予約)
営 11:30～14:30 17:30～21:30(OS21:00)
休 なし
席 43席(個室2)
払 カードOK
予 不要(予約可)
駐 164台
煙 禁煙(喫煙室あり)
交 JR小倉駅新幹線口より直結、徒歩3分

北九州市小倉南区

現代創作料理《ゲンダイソウサクリョウリ》 吟川《ギンセン》

❶

日本料理の伝統を守り、進化する

関東や関西の一流ホテルで長年料理長を務めた店主の川畑さんが、故郷である北九州に自らの店を構えたのは平成13年。以来、日本料理の伝統を守りつつ進化を続けている。川畑さんが何よりも大切にしているのは、常に素材への感謝の気持ちを持つということ。「私が素材に包丁を入れるまでには、農家や漁師、仲買人など多くの人の手がかかっています。そうした人々の〝美味しいものを食べてほしい〟という想いを背負って、一つひとつの料理を仕上げて、お客様の前にお出しする。料理人はすべてに感謝の心を忘れてはいけないと思っています」と川畑さん。感謝があるからこそ、ひとつの素材をより美味しく仕上げるための新たなアイデアや工夫も浮かんでくるという。格式にとらわれない店主の料理を味わうために、県外から訪れるファンも多い。そうした常連客に、訪れる度に驚きと感動を味わってもらうのが嬉しいと、進化し続ける料理人は楽しげな笑顔を見せる。

②

③

④

⑤

❶ランチ限定『花ごよみ膳』2,000円。四季折々の山海の幸は見た目にも鮮やかな日本料理へ。

❷「料理の美味しさは作る料理人を映す鏡。基本を丁寧に忠実に守りながらも、新しいチャレンジを続ける料理人でありたいですね。皆さまのお越しをお待ちしております」と店主の川畑忠光さん。❸「現代創作料理　吟川」の外観。川畑さんの想いを受け継ぐ二代目と共に親子で腕を振るう。❹掘りごたつの個室。❺豪華な季節懐石『吟川』5,000円。忘年会や新年会などの席を華やかにしてくれる。❻カウンター席は店主の流れるような手さばきを眺められる特等席。

Recommended

Menu

lunch

花ごよみ膳 2,000円

茶華膳 3,000円

dinner

旬雅膳 3,500円

花枝懐石 4,500円

季節懐石 吟川 5,000円

¥ 平均予算

ランチ 約3,000円

ディナー 約6,000円

※こちらのお店の価格は全て税別表記です

住 北九州市小倉南区守恒2-1-40
兎屋ビル1F

電 093-964-5811

営 11:30〜14:30(OS14:00)
17:00〜22:00(OS21:00)

休 月曜日

席 45席、個室あり

払 カードOK

予 不要

駐 コインパーキングあり※お食事利用の方は無料

煙 全席禁煙

交 北九州モノレール守恒駅より徒歩5分

⑥

北九州市小倉北区

中国料理《チュウゴクリョウリ》 耕治《コウジ》

老舗名物を気軽に楽しむなら ランチタイムがおすすめ

洋食や名物焼きうどん、寿司屋など様々な店が建ち並ぶ鳥町食堂街は、戦後の小倉の食文化を育んだ場所。こちらもこの通りに昭和30年から店を構えて間もなく創業60年を数える老舗中国料理店だ。当時、小倉ではなじみの薄かった醤油味のラーメンの販売を中心に、本格中華の魅力を発信してきた。

ラーメンは今も当時から変わらない味わいだ。お昼の一番人気の『おすすめランチ』でもこの名物の一杯が食べられる。『おすすめランチ』はラーメンに、前菜（同じく名物のシューマイなど）と季節で替わるメイン料理が付いたお得なセットだ。もちろん天津丼や海老のチリソース、酢豚など単品メニューのオーダーも可能なので、ランチタイムのちょっとした集まりにはみんなでメニューをシェアしながら楽しむこともできる。ラーメン、シューマイといった耕治の看板メニューはテイクアウトや地方発送もおこなっている。自宅用やギフトに老舗の味はいかがだろうか。

❷

❸

❹

❺

❻

❼

❶❺❻鳥町食堂街にある小倉本店。カウンター席がある1階、お座敷の2階、個室がある3階と3フロア。小倉本店のほかに、小倉井筒屋新館8階と下関大丸の7階にも支店がある。❷フカヒレを贅沢に使った『ふかひれラーメン』3,200円。❸❹『海老のチリソース煮』『酢豚』といった定番の中華料理のメニューも豊富。❼「中国料理　耕治」の入口。❽『おすすめランチ』1,500円。老舗・耕治の看板メニューであるラーメンとお肉の旨味がギュッと詰まった名物シューマイ、季節で変わるメイン料理が楽しめる。

Recommended

Menu

lunch

ラーメン、焼き飯セット 1,700円
ラーメン 800円
ふかひれラーメン 3,200円
酢豚 2,000円
天津丼 1,880円

dinner

美味菜宴コース 3,500円
集いを彩る特選コース 5,500円

¥ 平均予算
ランチ 約1,500円～
ディナー 約4,000円～

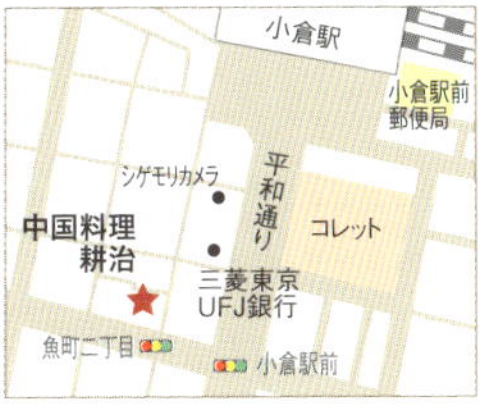

住 北九州市小倉北区魚町1-4-5
鳥町食道街内
電 093-551-2849
営 11:00～21:30
休 元旦
席 78席（個室あり）
払 カードOK
予 不要（ディナーは予約がおすすめ）
駐 なし
煙 喫煙OK
交 JR小倉駅より徒歩約5分

❽

北九州市戸畑区

フレンチベースの洋食屋 しん門《フレンチベースノヨウショクヤ　シンモン》

半世紀に亘り愛され続ける フレンチベースの洋食屋

秘伝のデミグラスソースは、1966年の創業以来、途切れることなく継ぎ足され続けているという。美しい信念を帯びた頑固さが、この店の味を守り続けているのだろう。その命ともいえるデミグラスソースを使った料理が、タンシチューにハンバーグ、そしてフレンチオムライス。これらを目指して遠方からもお客が訪れるという、この店の人気メニューたちだ。特におすすめしたいのは、鹿児島産黒毛和牛のタンを使うという『タンシチュー』。口の中でホロホロに解ける食感と、味わい深いデミグラスソースが、最高の相性を紡ぎだす。稀少な素材を使っているため、予約必須、売り切れ御免というのでご注意を。

その他、10歳までのお子様向けに『ベビーランチ』を用意していたり、仕出しなどにも対応していたりと、さまざまなニーズにも応えてくれる。足が悪い方にはテーブル席、家族の集まりには座敷席、そしてパーティーなら最大50名収容できる広間と、場面に応じて選べるのも有難い。

❶しん門自慢の黒毛和牛の『タンシチュー』2,600円(単品)。+サラダ、パンまたはライス、コーヒー付で3,000円。+スープ、パンまたはライス、コーヒー、前菜またはデザート付で3,500円。

❷稀少な素材を使っているため予約必須の『タンシチュー』。❸年月を経た風格を漂わせながらも、古い印象はない店内。❹白壁と木目インテリアの落ち着いた雰囲気が、大人の時間を演出する。❺お持ち帰りが出来るオリジナル手づくりドレッシング(しょうゆ、うめ、イタリアン、バジルの4種あり)。❻「当店シェフ兼ソムリエの門司が選ぶ、クオリティが高くお手頃価格のワインリストを数多くご用意しています」と、チーフの門司将治さん。❼「しん門」の外観。

Recommended
Menu

lunch

Aランチ 1,000円
エビフライ&オムライスランチ 1,250円
ハンバーグ&オムライスランチ 1,600円

dinner

洋食コース 3,000円
しん門コース 4,000円
ラグジュアリーコース 5,000円

¥ 平均予算

ランチ 約1,300円
ディナー 約3,500円

※こちらのお店の価格は全て税別表記です

住 北九州市戸畑区浅生2-8-17
電 093-871-6685
営 11:00〜15:00(OS14:30)
17:00〜22:00(OS21:00)
休 日曜日(その他不定休あり)
席 1階/テーブル席・40席
2階/座敷(宴会時のみ)30席+50席
払 カードNG
予 不要(要予約のメニューもあり)
駐 5台+100円パーキング指定駐車場(1時間無料コイン)
煙 分煙あり
交 JR戸畑駅より徒歩6分

1

Japanese

北九州市小倉北区

お料理《オリョウリ》 佐藤《サトウ》

2

以前は鍛冶町に店を構えていたが、2013年にJR小倉駅から歩いてすぐのこの場所へと移転し、さらにファンが増えている。

後世にも伝えたい 和食文化の極み

扉を開けて店に入ると旬の素材の香りに包まれる。クラシック音楽の流れる店内へ足を踏み入れると、外の喧騒から一気に切り離されるよう。日本料理の職人としてこの道三十余年という店主の佐藤さんが手掛けるここは、四季折々の食材を、五感を通して贅沢に楽しませてくれる一軒だ。お昼は、六名のみの予約制で受け付けており、連日予約で埋まっている。新幹線や飛行機で海外を含めて遠方から訪れる人も数多い。

　まず、席につくと目の前に運ばれてくるのはバカラや京焼きをはじめ作家が手掛ける器に盛られた前菜から。その後、メインの料理へ移る頃、カウンター越しに配された焼き場ではその時季ならではの食材を使った焼き物が仕上げられている。ひとつひとつ丁寧な説明を添えて出てくる品は、どれをとっても繊細な感性で作られた逸品だ。

　店主の佐藤さんは「心を込めて丁寧につくるだけです」と穏やかに話し、一皿を前にするとその技術の高さとセンスの良さをすぐに感じとるだろう。

❶米は毎回一組ずつ釜で炊いており、ご飯の旨みを凝縮した逸品だ。料理には旬の食材を使い、馴染みのある素材でも店主の腕にかかるとこれまでに無いような新しい一品へと昇華する。❷お昼の営業は店に入って左側のカウンター席を用意。6名のみの予約制。❸カウンター前の焼き場から季節の香りが届けられる。❹外観の様子。❺デザートは女性客が喜ぶようにと2品用意。さらに、食事を終えた後は手土産まで。どこをとっても細やかな心遣いがうかがえる。

Recommended
Menu

lunch
5,000円コース

dinner
10,000円コース
12,000円コース
15,000円コース

¥ 平均予算
ランチ 約5,000円
ディナー 約12,000円

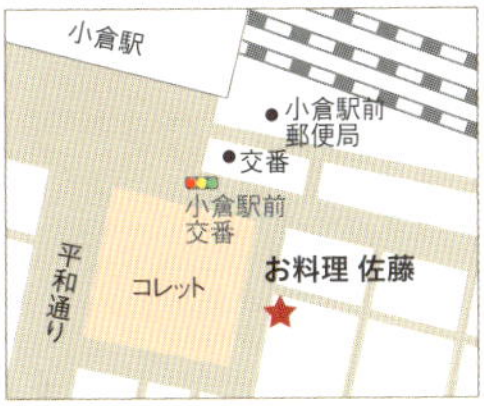

住 北九州市小倉北区京町3-5-7 KSKコアビル1階
電 093-541-3767
営 12:00～、18:00～
休 日曜日
席 15席
払 カードOK
予 要予約
駐 なし
煙 全席禁煙
交 JR小倉駅より徒歩3分

※こちらのお店の価格は全て税別・サ別表記です

②

①

「お店でのお食事だけでなく、クリスマスなどのオードブルやおせちも好評です。ぜひ、ご利用下さい」とオーナー。

Italian

北九州市八幡西区

ワイン食堂《ワインショクドウ》 パスタコッタ《パスタコッタ》

④

「じゃことナスのトマトスパゲティ」たっぷりのじゃこを炒め、トマトソースで絡めたパスタ。

③

ワイン好きなアナタに

満を持して黒崎で長らく続けたお店を念願だった今の場所に移転して一新、「ワイン食堂パスタコッタ」と名前も改めオープンさせた。一軒家を改装してつくられたという店内の壁面にはズラリとワインが並び、アンティークのペンダントライトが下がる。まるでヨーロッパの下町にある食堂のような雰囲気だ。

長らく地元・黒崎の人たちに愛されて来た「確かな味」と、店名が記すとおり他では味わうことが出来ないような価格で満足度の高いワインを楽しむことができることを魅力にかかげている。

時には、優雅にランチタイムから美味しい料理とともにワインをいただくのもいいかもしれない。

❺

❻

❶「ワイン食堂　パスタコッタ」の内観。❷『フォアグラのステーキ フォンドボーソース』980円。80gのボリュームでこの価格!超お値打ち。❸❺『前菜8種盛付 パスタセット』1,280円～。前菜盛り合せプレート、フォカッチャ、ドリンク、お好きなパスタのセット。❹『じゃことナスのトマトスパゲティ』880円。❻『自家製ニョッキのウニクリームソース』1,080円。すりおろしたチーズをたっぷり混ぜ込んだニョッキと生ウニのクリームソース。❼「ワイン食堂　パスタコッタ」の外観。

Recommended
Menu

lunch
前菜盛りプレートセット 980円
デザート3種盛 300円

dinner
カマンベールのオーブン焼き 680円
サンダニエーレの生ハム 580円
ラム肉のサイコロステーキ 880円

¥ 平均予算
ランチ 約1,500円
ディナー 約3,000円

住 北九州市八幡西区船越1-4-5
電 093-617-5080
営 11:30～14:00(OS)
18:00～22:00(OS)
休 日曜日、第1・第3月曜日
(ランチは祭日も休み)
席 35席、カウンター席あり
払 VISA、MC、アメリカンエクスプレスのみ
予 予約が望ましい
駐 11台
煙 喫煙OK※ランチタイムは全席禁煙
交 西鉄バス大平台バス停より徒歩約1分

北九州市八幡東区

花篝《ハナカガリ》

自慢の魚料理をゆったりと味わう

九州を代表するテーマパーク・スペースワールドを一望できる高台に立つ北九州八幡ロイヤルホテル。海外からの観光客も多く訪れるこの場所で、日本料理の随を感じさせてくれるのが「日本料理 花篝」だ。旬の素材を使った華やかな会席料理から気軽に味わえるランチまでを揃え、幅広い世代に喜ばれている。

こちらで味わいたいのは、やはり玄界灘の海の幸を味わえる季節のランチメニューの数々。なかでも新鮮なお刺身をメインにした『お昼のミニ会席』は、魚が自慢の花篝らしさを堪能できるメニューだ。節句や慶事など、家族の大切な行事を華やかに演出してくれる会席料理も相談に応じて幅広く揃える。

また、ちょっと旅行気分でゆったりした一日を過ごしたいという人には、温泉と食事がセットになった日帰りプランも。子どもたちファミリーはスペースワールドへ、おじいちゃんおばあちゃんは温泉でゆったり…という自由な過ごし方も、おすすめ。

❶『レディース御膳』2,222円。バラエティ豊かなレディース御膳は、お友達との会話も弾む。

❷『お昼のミニ会席』2,970円。おすすめの日本酒やワインと共に特別なひと時を。❸大人数の宴会から小さなグループでの会食まで、落ち着いた雰囲気の中で楽しめる。❹『豚カツ膳』1,500円は、子どもたちも満足のボリュームたっぷりなメニュー。❺テーブル席で気軽な食事を楽しむことも。❻ホテル内での落ちついた雰囲気が魅力。

Recommended
Menu

lunch
皿倉造里定食 1,500円
お子様プレート（夜もOK）
1,782円

dinner
季節のカジュアル会席 4,752円
季節のグルメ会席 7,128円

¥ 平均予算
ランチ 約3,000円
ディナー 約6,000円

住 北九州市八幡東区枝光1-1-1
北九州八幡ロイヤルホテル1F
電 093-662-1020
営 11:30～14:00
17:30～21:00
休 なし
席 88席、個室あり
払 カードOK
予 予約が望ましい
駐 276台
煙 全席禁煙
交 JR枝光駅より徒歩8分

蒲焼きの旨味と脂、タレが蒸し上げる
ことでご飯の芯までしみ込んでいる。

Unagi

北九州市小倉北区

田舎庵《イナカアン》 小倉本店《コクラホンテン》

店内に入ると香ばしい鰻の香りが漂う。
のれんをくぐった時から期待が高まる。

ふっくら香ばしい日本の伝統食 天然鰻も楽しめる

その希少性から、注目が高まるニホンウナギ。大切な水産資源だからこそ、特別な時に一流の専門店で美味しくいただこう。

この店で出される鰻は漁師が獲った天然もの、もしくは天然に近い環境で育てられた鰻を使用している。ほどよく乗った脂と締まった身は料理として出されると、違いが分かるのだ。例えば職人がじっくりと焼き上げた蒲焼は、表面が香ばしく、口にいれるとふっくらとした食感。この絶妙な味わいは素材と技術が見事に調和した証なのだ。蒲焼や白焼に加え、九州の郷土料理として愛される『せいろ蒸し』も楽しめる。ご飯に蒲焼を乗せて、器ごと蒸し上げると、米の芯まで鰻の旨味と秘伝のタレがしみわたる。最後の一粒まで残さず味わおう。もう一つ、この店の名物と言えば醤油やみりんでしっかり煮込んだ鰻を乗せていただく『鰻茶漬』。こちらは瓶入りの持ち帰り用もあるので、お土産やギフトに利用する人も多いそうだ。

❶『せいろ蒸し』1,650円～(写真は梅2,500円)。❷❸落ち着いた設えの店内。お座敷もテーブル席もある。❹じっくりと鰻に火を食べさせるように焼き上げた『蒲焼』。ふっくらした食感と、タレの香ばしさが魅力。❺お土産におすすめの『天然鰻　鰻茶漬け』5,400円。醤油やみりんで味付けをした鰻はご飯のおともにぴったり。❻「田舎庵　小倉本店」の外観。老舗の風格を感じる店構え。「お食事ができる本店のほかに『鰻茶漬』やオリジナルの『柚子風味明太子』などを販売する食品店もございます。そちらにも気軽にお立寄りください」と緒方店長。

Recommended Menu

lunch & dinner

鰻丼(肝・吸いもの・お漬物)
1,600円～

せいろ蒸し(肝・吸いもの・お漬物)
1,650円～

鰻重(肝・吸いもの・お漬物)
2,500円～

蒲焼定食(肝・吸いもの・お漬物)
2,500円～

蒲焼コース 4,300円～

せいろ蒸しコース 4,300円～

うなぎ茶漬コース 4,300円～

¥ 平均予算

ランチ 約1,600円～

ディナー 約1,600円～

住 北九州市小倉北区鍛冶町1-1-13
電 093-551-0851
営 11:00～21:00
休 年末年始
席 64席(個室2、テラス席5)
払 カードOK
予 不要
駐 なし
煙 全席禁煙
交 JR小倉駅より徒歩5分、北九州モノレール平和通駅よりすぐ

French

直方市頓野

梓屋《アズサヤ》

人生の節目の日に訪れたい特別な一軒

高台に佇む数寄屋造りのフレンチ店。広い石畳のエントランスを歩き、大きな門を潜った先にある日本家屋で、クラシックな本格フレンチが振る舞われる。フランスのエスプリと日本の粋が融合した、稀有な一店だ。

「おおげさなことは言いたくないのですが、食べ物って人を元気づけたり幸せにするものでしょう？ 家族が集まったり、記念日だったりっていう思い出に残る日に、幸せになってもらう一助になれれば幸いです」とオーナーシェフの安田さん。風格ある佇まいと26年という歴史もあり、結婚披露宴や慶弔の席など、この町の人々にはなくてはならない存在ともなっている。一方で、遠方からはシンプルに料理の腕のみを聞きつけて訪れる人も。

「魚介を中心に、季節で一番おいしいものを召し上がっていただきたいと、北九州の卸売市場まで26年間変わらず自分で仕入れに行っています。この土地ならではの山海の幸を使ったフレンチをお楽しみください」

❶コース料理の一例。味の基本となるスープやソースは、フォンやブイヨンから全て手作り。ゆるぎない「梓屋の味」を守り続けている。

❷大きな門を潜った先にある日本家屋で、クラシックな本格フレンチが振る舞われる。❸2名から使える和室個室から、40名まで収容可能な洋室まで、多種多様な部屋が揃っている。なんと和室の中にはお茶会に利用できるよう炉を設けた部屋まで!目的に合わせて選びたい。❹「梓屋」の入り口。

Recommended

Menu

lunch

Aコース(平日のみ) 2,800円
Bコース 3,800円
Cコース 5,800円
Dコース 8,000円

dinner

Aコース(平日のみ) 4,500円
Bコース 6,500円
Cコース 8,500円
Dコース 11,000円

¥平均予算
ランチ 約3,000円
ディナー 約8,000円

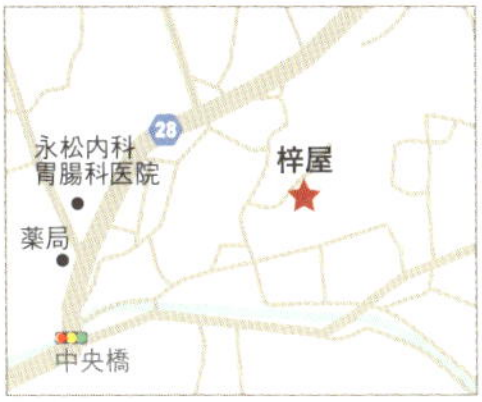

住 直方市頓野1700
電 0949-26-5868
営 12:00〜14:00(OS)
17:30〜19:30(OS)
休 第2·4水曜日
席 60席
払 カードOK
予 要予約
駐 30台
煙 全席禁煙(喫煙スペースあり)
交 筑豊本線直方駅よりタクシーで10分

北九州市八幡西区

馳走 なかむら

チソウ　ナカムラ

①

器の上で四季折々を表現する日本料理の美学

目の前の誰かのことを想い、どのようにしたらその人が喜んでくれるのか。シンプルだが続けるには時として難しいことを十年という日々貫いている。そんなお店がこちらの「馳走なかむら」だ。店主の中村亨さんは日本料理の真髄を学ぶために関西の料亭にて修業を重ね、その後、地元の気質をもっと知っておきたいと北九州で腕を磨いた。しっかりと支度を整えて2004年に店をオープン。茶懐石の流れを取り入れているという料理の数々は、厳選した食材はもちろんそれぞれの料理に合った器選びに至るまで、心配りがいきわたる。ときには、八寸に俳人の名句を書いた短冊を添えたり、竹のとり箸に水を打って季節感を出すなど驚きと感動をもたらすもてなしで迎えてくれるのだ。また、食材の質の高さもさることながら、仕込みからひとつひとつ丁寧に手をかけ、その素材が持つ本来の持ち味を引き出していく中村さんの技巧にも感嘆。内面を磨いて客をもてなす茶人たちの精神にも似て、訪れるものを魅了している。

❷

❸

❹

❺

❶❸四季折々の料理、それに合う器、その時々の掛け軸といった設えなど、五感を通して季節を楽しませてくれる。❷二日前までの完全予約制という形をとっているのは、一組一組のゲストに対し真心込めて向き合いたいという店主の思いから。店内はすべて個室となっており、それぞれの時間を寛いで過ごすことができる。❹❺茶懐石の流れを取り入れているという料理の数々は、それぞれの料理に合った器に丁寧に盛られている。❻「馳走 なかむら」の外観。

Recommended

Menu

lunch & dinner

[懐石料理]
雪 4,000円（お昼のみ）
月 5,800円
花8,000円～17,000円
（予約のみ）

[冬季（2日前までの予約のみ）]
本あら鍋会席 25,000円
本ふぐ鍋会席 10,500円～

[お弁当]
牛しぐれ煮のお弁当 2,000円
※5日前迄の要予約
折詰弁当 3,500円～
1週間前迄の予約にて数量限定
（10月～3月迄）

¥ 平均予算
ランチ 約5,800円
ディナー 約10,000円

※こちらのお店の価格は全て税別表記です

住 北九州市八幡西区鷹の巣2丁目4-11
電 093-641-7553
営 11:30～14:30閉店（12:30までに入店）
2日前までの完全予約制
17:30～22:00分閉店（20時までに入店）
休 水曜日
席 10席
払 OK
予 要予約（予約制）
駐 4台
煙 全席禁煙
交 筑豊電鉄穴生駅より徒歩10分

❻

北九州市小倉北区

Le Coeur《ルクール》 et《エ》 心《ココロ》

フレンチの香り漂う カジュアル欧風料理

❶

ＪＲ城野駅から少し歩くと見えてくるお洒落な建物。１Ｆの花屋の上が「Ｌｅ Ｃｏｅｕｒ ｅｔ 心」だ。昼は欧風料理、夜はバルスタイルのお店で、アットホームな雰囲気の店内ではフランス料理ベースの欧風料理をカジュアルなスタイルで楽しむことが出来る。そんな口コミが広がり、友だち同士や家族連れといった幅広い層の人たちが訪れる。

　こちらのランチの魅力は、コースの豊富さ。フルコースからパスタコースまで選べるので、友だちとの気軽なランチはもちろん、記念日などのお祝いにも使えそうだ。

　料理はフランス料理の基本の出し汁（ブイヨン、フュメドポアソン、フォンドヴォー）から丁寧に作り、四季折々で旬の素材を使用している。カジュアルスタイルとあなどる事なかれ、しっかりとフレンチの味、美しさが堪能できそうだ。

❶『パスタコース』1,400円。オードブル、スープ、自家製パン、3種バター、パスタ、デザート。

❷内観の様子。❸『Le　Coeurコース』2,500円。フルコースのお料理+フォアグラがついている。❹「かしこまらず、アットホームにリーズナブルな値段でフランス料理ベースの欧風料理をご堪能いただけます。お誕生日会や女子会など様々にご希望のプランもご準備できます」とオーナーシェフ。❺外観の様子。❻『キッシュプレート』1,200円。キッシュ、スープ、サラダ、肉料理or魚料理がワンプレートに。※全てのコースにプラス600円でフォアグラ料理かリゾットを追加できる。※コース料理には焼き立てパンと自家製バター付。

Recommended

Menu

lunch

フルコース 2,200円
ハーフコース 1,700円

dinner

オードブル・ヴァリエ 1,600円
ブイヤベース 1,600円
肉プレート 2,100円

¥ 平均予算

ランチ 約1,500円
ディナー 約3,000円

住 北九州市小倉北区高坊2-9-1
ネーブルグリーンビル2F
電 093-952-1500
営 11:30～15:00
18:00～22:00
休 月曜日
席 40席
払 カードNG
予 予約が望ましい
駐 15台（共有）
煙 喫煙OK（ランチ時は全席禁煙）
交 JR城野駅より徒歩10分。車で3分

『ロイヤルポークヒレ肉のオーブン焼き タスマニア産カシスマスタード』。プチンと弾けるマスタードの食感と酸味が、ボリュームたっぷりの肉料理を爽やかに仕上げる。

French

北九州市小倉北区

Jean Pierre《ジャン ピエール》

バリアフリー仕様でゆったりと造られた店内。美味しい料理にワインも進む。

肩肘張らず、最高のフレンチを

温かみを感じさせる土壁の店内。奥に進むと、カウンターの向こうでオーナーの山﨑真吾さんが出迎える。三ツ星レストランとして名高い恵比寿のジョエル・ロブションで腕を磨き、修業時代を過ごした小倉の町に自分の城を構えた。テーブル席や個室もあるが、カウンターの中から料理を味わう人の表情も見えるような造りにこだわったという。出される料理の数々は、細やかな仕事がなされた上で、シンプルに盛りつけられる。一番おいしい瞬間から一秒でも遅れずに客の前に届けたいという想いから、過度な盛りつけはしないのが信条。ひとり一人と向き合うライブ感を感じることができるのも、カウンター1枚分という近い距離の効果。そんな一皿と料理人の想いを感じる時間を味わった客は、訪れる度にファンになるという。ランチタイムはおまかせコースのみ。シーズン中には自慢のジビエ料理を味わうこともできる。完全予約制なので、特別な日には余裕を持って相談を。

❶❷❺ワインもこだわりのものを揃える。ディナータイムには、アラカルトとワインを共に楽しむ常連客の姿も多く見られる。❸ランチ料理の一例。❹『秋刀魚のマリネと彩り野菜 国産ライムのビネグレットソースと焼きナスのフォンダン』。❻『鰆のポワレ レンズ豆のソース』。蒸し焼きでしっとりと仕上げられる鰆はシンプルに旨味を感じられる。❼「足を運んでくださるお客さまには、お腹を減らして来てもらって、満腹で帰っていただきたい。味だけでない全てに満足してもらえる店を目指しています」とオーナーシェフの山﨑真吾さん。

Recommended

Menu

lunch

3,500円コース
5,000円コース

dinner

6,500円コース
8,600円コース

¥ 平均予算

ランチ 約4,000円
ディナー 約8,000円

住 北九州市小倉北区鍛冶町1-3-4 美松コア2F
電 093-541-6616
営 12:00～14:00(予約により変動) 18:00～24:00(OS23:00)
休 日曜日
席 16席、個室1
払 カードOK
予 要予約
駐 なし
煙 喫煙OK
交 北九州モノレール平和通駅より徒歩2分

ビュッフェスタイルで提供される料理の種類はさまざま。和食、イタリアン、中華、スイーツなどそれぞれプロの料理人が腕を振るう本格派の味わいが魅力だ。 ②

北九州市門司区

ビュッフェレストラン《ビュッフェレストラン》 ARK《アーク》

④

⑤

③

イタリアンフェアやあまおうフェアなどビュッフェのテーマは毎月替わる。

❶「赤煉瓦プレイスは、北九州にとって大切な資産です。ご来店いただくことが、地元にはこんな誇るべき文化財があるということを知るきっかけになれば嬉しいですね。」とオーナーの志波さん。❷❸料理のイメージ。❹2階は貸切できるホールもあり、各種パーティなど様々なシーンで利用できる。❺おすすめは海が見える窓側の席。静かな水面を眺めながらゆっくりと食事が楽しめる。❻週末には生演奏が開催されることも。❼店舗は築100年を超え文化財でもある門司赤煉瓦プレイスの一角にある。

本格派の料理を
ビュッフェスタイルで楽しむ

ＪＲ門司駅の海側にある赤煉瓦プレイス。もともと帝国麦酒の工場として建てられた築１００年を超える建物で２００７年に国の有形文化財に登録された。この歴史ある空間をリノベーションしたのがこちら。２００席を超える広い店内。国道１９９号線沿いの大きな窓からは関門海峡の海原を望むことができる。そんなロケーションのなか、ランチもディナーもビュッフェスタイルで料理を提供している。和食、洋食、イタリアン、中華、スイーツ…どの料理も一流ホテルなどで腕を磨いた確かな技を持つ専門の料理人が手掛ける本物の味わいだ。

「小さなお子様連れのファミリーからご年配の方まで幅広いお客様が来店されるので、安心、安全は当然のこと。信頼できる国産の食材をメインに使用し、店の厨房で調理するという当たり前のことに手を抜きません」とオーナーの志波さん。さらに毎月、ステーキフェア、北海道フェア、あまおうフェアといった様々なテーマで常に新しいサプライズを提供してくれる。

Recommended Menu

lunch
[ビュッフェスタイル]
大人(中学生以上)1,780円
小人(小学生)980円
幼児(3~5歳)600円
シニア(北九州市在住の65歳以上)1,080円

dinner
[ビュッフェスタイル]
大人(中学生以上)2,100円
小人(小学生)1,200円
幼児(3~5歳)600円
シニア(北九州市在住の65歳以上)1,200円
※制限時間は入店より90分。ランチ・ディナーとも3歳未満は無料

プラス1,500円で飲み放題プランも
[2Fレストラン]
パーティープラン 4,000円~
フルコース 5,000円~

¥ 平均予算
ランチ 約1,780円~
ディナー 約2,100円~

住 北九州市門司区大里本町3-11-1
電 093-342-8333
営 11:00~15:30(OS14:30)
17:00~22:00(OS21:00)
休 不定休
席 230席
払 カードOK
予 要予約
駐 なし(隣に市営有料駐車場120台あり)
煙 全席禁煙
交 JR門司駅より徒歩3分

北九州市八幡東区

そば処《ソバドコロ》 芭蕉庵《バショウアン》

一日3時間の、真剣勝負！

11時から14時、一日に3時間しか営業しないという蕎麦の名店。その理由に驚く。「朝3時に起きて午前中に仕込み、営業時間を迎えます。14時に閉めたあとは、翌日の製粉作業。玄そばから仕入れて、磨きから蕎麦打ちまでの8工程全てを一人で行っているので、どうしても3時間しか営業する時間がないんです。さぼってるわけじゃないですよ（笑）」と朗らかに話すのは大将の藤本さん。とにかく自分が作りたいもの、食べたいものを追求した結果、全て自分で行うことにたどり着いた。労働時間の1/3を製粉に、1/3を仕込みに、そして残りの1/3を営業時間に使う。「湯がく水も洗う水も、全て浄水を使うのは蕎麦に水道水の香りが付いてほしくないから。蕎麦は全国を探し歩いた結果、福井の生産者から仕入れています」。声高には言わないが、客にはその信念が伝わっているのだろう。全国の蕎麦好きの間で、常に話題に上る一店だ。共に店を守る奥様は「飲食店は掃除が第一」と言い切る。この二人の店が、名店にならぬはずがない。

❶『海老天せいろ』1,300円。一つひとつ選別され、丁寧に磨かれた後に打たれた蕎麦は、雑味のない透き通るような美しい味わい。まずはせいろを味わってほしい。

❷昼時にもなると蕎麦通やサラリーマンなどであふれかえる店内。❸「週休2日が夢だけど、これ以上営業時間を減らしたら怒られますね(笑)。お客様に日々感謝をして、来ていただける人がいる限り、最高の蕎麦でお応えしたいと思います」❹夏季はかぼす、冬期は瀬戸内のレモンが添えられる。ノーワックスのレモンは安心して皮汁まで楽しみたい❺「自分たちが食べたいものを」を追求すると、当然鴨やわさびなどの食材も全て国産に行きついた。さりげなく出される水も、美味しい。❻「そば処 芭蕉庵」の外観。

Recommended

Menu

lunch

鴨せいろ 1,600円
鴨南そば 1,600円
海老おろし 1,400円

¥ 平均予算

ランチ 約1,000～2,000円

住 北九州市八幡東区尾倉2-7-10
電 093-671-1107
営 11:00～14:00
休 日曜日、祝祭日
席 32席(座敷3、カウンターあり)
払 カードNG
予 不要
駐 10台
煙 全席禁煙
交 JR八幡駅よりバス通りを西へ3分

③

②

①『東京ブラックローストビーフ重松』日本の黒毛和牛でつくる究極の熟成肉料理。

遠賀郡水巻町

焼肉《ヤキニク》・すきしゃぶ《スキシャブ》 おんどる水巻本店《オンドルミズマキホンテン》

⑤

⑥

④店内は、洋服ににおいがつかないよう無煙ロースターを完備しており、着ていくものやシチュエーションを選ばなくていいという心配りもうれしい。

❶『東京ブラックローストビーフ重松』2,800円。❷『神戸牛まぶし』980円。3通りの食べ方でお楽しみいただける名物ランチ。❸『極タンステーキ定食』1,800円。脂がのり、柔らかくジューシーな味わい。❹最高の状態で焼肉を堪能してもらいたいと独自に網状の鉄板を開発。ワンランク上の上質な味わいを楽しませてくれる。❺❻掘りごたつの座席、テーブル席や個室といった和洋の空間を用意している。❼『極ランプステーキ重』1,280円。噛むほどに旨みが広がる究極の赤身。

黒毛和牛の楽しみ方を教えてくれる上質空間

誕生日や家族のお祝いの日など、気分のいい日に選ばれる店でありたいと〝晴れの食事を楽しめる場〟というコンセプトのもと昭和62年に創業した焼肉・すきしゃぶの「おんどる」。神戸牛の取り扱い指定店であり専門店のこちらは、水巻町に本店を構え、現在北九州市内に本店以外の3店舗を展開中だ。ここでは神戸牛はもちろん、全国から厳選した国産和牛を多く取り揃えている。ランチでは鰻の櫃まぶしのように一度で3通りの食べ方を楽しめる『神戸牛まぶし』や熟成させた味わい深い赤身をお重にしたためた『極ランプステーキ重』などを用意し、さらにディナーのメニューもお昼から楽しめる。また、口コミでも人気を呼んでいるのがおんどるオリジナル商品の『TOKYO BLACK ROAST BEEF』。A4ランク以上の黒毛和牛を使い、油を使わずに調理した高タンパクで低脂肪のヘルシーなローストビーフだ。ランチではお重で食すことができるほか、ファンからの声に応え全国から取り寄せもできるようになった。

Recommended
Menu

lunch

東京ブラックローストビーフ重竹
1,680円

特選サーロインステーキ重
2,300円

特選ランプステーキ定食
1,800円

dinner

すきしゃぶ超特選カルビ
2,700円

おんどる超特選カルビ
1,880円

極上ハラミ 1,680円

¥平均予算
ランチ 約1,500円
ディナー 約4,000円

※こちらのお店の価格は全て税別表記です

住 遠賀郡水巻町古賀2-2-7
電 093-203-1129
営 11:30~14:30（OS）
17:00~22:30（OS）
休 不定休
席 104席
（掘りごたつ、またはテーブルの個室11、テーブル席6）
払 OK
予 予約が好ましい
駐 50台
煙 喫煙OK
交 JR水巻駅より車で約5分

❶

『ランチセミバイキング』肉料理、魚料理、パエリア、ガレット、パスタ、パンケーキ、フレンチトースト、ホワイトブレッドブランチの8種類のメインディッシュの中から1皿。

❷

French

北九州市小倉北区

ボナペティ

ボナペティ

❸

❹

❺

❻

本格フレンチのシェフが腕をふるう
贅沢オーダーバイキング

フランスの二つ星レストランで研鑽を積んだ後、外資系ホテルで料理長を務めて来た山本武志シェフの本格フレンチがバイキングで味わえるとあって、話題を呼んでいる。

夜は贅沢に完全オーダースタイルのバイキングとなっており、ランチバイキングは肉料理や魚料理など8種類の中からメインデッシュを1皿オーダーし、前菜やスープなどを好きなだけいただくセミバイキングスタイルだ。多くのリピーターを引きつけているのは、お得なバイキングとは到底結びつかない調理にかける手間ひまと素材選びにある。野菜は地元の農家から直接仕入れ、その日の朝に仕入れた魚の種類でメニューを決める。だから、繰り返し通っても飽きることがないのだ。

もうひとつ、特に甘いものは別腹という女性には嬉しいデザートビュッフェも付いている。しかもその数10～15種類！女子トークにもいっそう花が咲きそうだ。

❶❷『ランチセミバイキング（90分）』1,730円～。★オードブル（10種）、サラダ、スープ、パン、ソフトドリンク、紅茶、コーヒー、デザートビュッフェは好きなだけ。❸❹10～15種類のデザートビュッフェ。❺『フレンチコース』6,000円。❻人気の『ホワイトブレッド』をご家庭でも。お土産としても喜ばれること間違いなし。1本1,500円。❼内観の様子。❽夜は贅沢に完全オーダースタイルのバイキング。

Recommended Menu

lunch

ランチセミバイキング 1,730円～
デザートビュッフェ付

dinner

ディナーバイキング
4,090円
フリードリンク 1,080円プラス

フレンチコース
6,000円、8,000円、10,000円

¥ 平均予算

ランチ 約2,200円
ディナー 約5,200円

住 北九州市小倉北区古船場町3-46 ホテルニュータガワ1F
電 093-521-7007
営 11:30～14:30（OS14:00） 17:00～22:00（OS20:30）
休 なし
席 50席、個室1
払 カードOK
予 予約が望ましい
駐 提携駐車場有り（ご利用に応じサービス券発行）
煙 全席禁煙
交 北九州モノレール旦過駅より徒歩約3分

北九州市小倉北区

CASALiNGO

カサリンゴ

いつも通いたくなるレストラン

❶

九州工業大学の近くにカサリンゴが店を構えたのは、２０１０年。以来、評判が評判を呼び、ランチタイムには多くの人の笑顔であふれる人気店となっている。陽光の差し込む店内は明るく広々とした雰囲気、天気のいい日にはテラス席で料理を楽しむ人も。

こちらの特徴は、地元の契約農家から直接仕入れる新鮮な素材と、もちもちの生パスタ。化学調味料は一切使用せず丁寧に素材の美味しさを引き出したやさしい味わいのイタリア料理は、小さな子ども連れのママたちを中心に支持されている。イタリアンレストランとしては珍しく、赤ちゃん用のメニューも充実している点もまた、子育て世代には嬉しい。訪れるすべての人に幸せな時間を過ごしてもらいたいという、あたたかいおもてなしの気持ちが見える。ディナータイムは落ち着いた雰囲気の中で本格イタリアンをお酒とともに、どうぞ。

❷

③

④

❶『コースランチ』1,700円／2,200円。パスタやメイン、ミニデザートまでセットになった、味とボリューム共に満足できるコース料理。

❷店内は広々と作られており、ベビーカーで訪れる人も安心。❸『本日のパスタランチ』1,030円。パスタは生麺と乾麺から選ぶことができる。❹「ママ友グループでの食事会には絶対カサリンゴをチョイスする!」という常連のファンも。❺『ピザランチ』1,030円。

Recommended

Menu

lunch

パスタランチ1,030円
ピザランチ 1,030円
コースランチ 1,700円／2,200円
ジュニアプレート（おもちゃ付）700円

dinner

コース 3,200円～（要予約）
パスタ 1,030円～
ピザ 930円～

¥ 平均予算

ランチ 約1,500円
ディナー 約3,000円

住 北九州市小倉北区中井5-16-33
電 093-591-4355
営 11:00～22:00（OS21:00）
休 日曜日
席 8台
払 48席（別途テラス席有り）
予 予約が望ましい
駐 全席禁煙
煙 カードNG
交 西鉄バス井掘バス停より徒歩3分

❺

北九州市門司区

和洋レストラン《ワヨウレストラン》 三井倶楽部《ミツイクラブ》

大正の趣きを残す場所で 味わう海峡の味

門司港の名物料理・焼きカレーに加え、焼きハヤシライスも楽しめる。食事をしながら、タイムトラベルが味わえる貴重な空間だ。

ＪＲ門司港駅の目の前に建つ三井倶楽部は、今からおよそ１００年前の大正10年に建てられた。当時は企業の社交場として、国内外の要人たちが集う場所であった。そんな歴史ある建物の1階部分はレストランとして利用され、週末や大型連休ともなれば、多くの観光客が訪れる。店内は社交場であった往事を彷彿とさせる洋風建築のテーブル席だけでなく、座敷席も用意されている。料理は門司港ならではの食材とメニューが並んでいるのが特徴だ。関門海峡の名産・ふくはお刺身だけでなく、ステーキや丼、ピラフなど産地ならではの美味しいサプライズメニューが並ぶ。

❶『とらふく洋会席』4,500円。お造りやステーキなど、関門海峡の名物「ふく」が会席仕立てで存分に楽しめる人気のコース。

❷❹❻店内は開館当時の大正時代の雰囲気を漂わせている。❸ふく料理のほかにも門司港名物の焼きカレーなども楽しめる。❺2階には展示スペースが設けられており、見学のみも可能だ。❼「ふくのステーキセット」はふくの旨味を熱で閉じ込めて味わうステーキがメイン。産地ならではの贅沢なメイン料理。❽建物は国の指定重要文化財にされている。

Recommended

Menu

lunch

洋風ランチ 1,200円
ふくのステーキセット 1,500円
バナナ入りハヤシスライス 1,200円
海鮮焼きカレー 1,400円
焼きハヤシライス 1,400円

dinner

とらふく刺しとミニ会席 3,500円
とらふく大皿和会席 6,300円より

¥ 平均予算

ランチ 約1,500円
ディナー 約3,000円

住 北九州市門司区港町7-1
電 093-332-1000
営 11:00～15:00(OS14:00)
17:00～21:00(OS20:00)
休 不定休
席 104席、個室あり
払 カードNG
予 予約が望ましい
駐 3台
煙 ランチタイムは全席禁煙
交 JR門司港駅より徒歩1分

北九州市戸畑区

うなぎ処《ウナギドコロ》 いち川《イチカワ》

創業大正13年、備長炭で焼き上げる老舗の味

営業時間になるや否や、老若男女で瞬く間にいっぱいになる人気店。創業から90年近い老舗と聞くと、年配の常連客が多そうだがその限りではない。もちろん往年のファンは数多くいるのだが、新しいファンをも取り込んでいるのがこの老舗店のすごいところだ。風格ある佇まいの扉を開けると軽いポップスのBGMがかかっているなど、いい意味で敷居を低くしている工夫がきいているのだろう。メニューもお馴染みのものに加え、『うなぎの石焼ビビンバ』など新しいチャレンジが見える。

　創業以来、国産うなぎと国産米にこだわり、備長炭の強力な火力で一気に焼き上げる製法が人気。とくにセイロ蒸しは一度焼いてから蒸すため、香ばしさとフワフワの柔らかさを一度に楽しめる。タレが染み込んだご飯のファンも多い。良心的な価格設定といい、清潔に掃除の行き届いた店内といい、日本の美徳を随所に感じさせてくれる名店だ。

❶『セイロ蒸し』2,580円（肝吸い、香の物付）。備長炭で一気に焼き上げた鰻を、蒸してフワフワに仕上げている。優しい味わいと食感は唯一無二だ。

❷お一人様は気軽にカウンターにどうぞ。❸昭和の懐かしさを感じる店内の雰囲気も落ち着いていていい。❹お米は毎朝、玄米を精米している。うなぎは当然のことながら香の物など脇役もしみじみおいしい。❺禁煙席と喫煙席は部屋ごとに分けられているので、お互い気になることがなく心地よい。❻「うなぎ処 いち川」の外観。

Recommended

Menu

lunch & dinner

いち川定食 1,340円
うな重（上）2,900円
うなぎ弁当 1,850円
ひつまぶし 2,900円
うな丼 2,050円

平均予算

ランチ 約2,000円
ディナー 約4,000円

住 北九州市戸畑区新池2-11-9
電 093-882-5200
営 11:30〜14:00
17:00〜21:00（OS20:30）
休 月曜日
席 46席（カウンター、6席、座敷40席）
払 カードNG
予 不要
駐 15台
煙 分煙あり
交 JR戸畑駅より徒歩10分

❶

Yakiniku

北九州市小倉北区

焼肉の龍園

ヤキニクノリュウエン

❷

「創業から25周年を迎えました。昔から変わらないコンセプト、味よし・店よし・心よし!を今後も実践していきます。"厳選された食材"と"洗練されたおもてなし"で大切な人とのひと時をお過ごしください」と店長。

❸

❹

九州黒毛和牛を味わい尽くす
小倉で愛され続ける人気店

鍛冶町の一角に店を構えるこちらは平成元年にオープンした焼肉専門店だ。1階は掘りごたつ式の個室とカウンター席、2階には100人まで入る広間を設け、広々とした空間でそれぞれの時間を楽しませてくれる。最も人気のメニューは小倉南区の自然の中で育てられた地元北九州産黒毛和牛の「小倉牛」だ。年間100頭ほどしか生産されず、市内の指定店のみで口にできるという希少な肉。たくさん食べても脂の後味が残らないと好評だ。ほかにも、佐賀牛や熊本のあか牛、幻の地鶏とも呼ばれる「天草大王」など、九州各地から選び抜いた素材を取り揃えている。さらに、100種類以上集めた九州各地の焼酎や生マッコリがずらりと並び、それぞれの肉に合うお酒を発見できそうだ。

創業25周年を迎えた2014年、兼ねてから週末ランチ営業も希望するファンの声に応え、土日祝日のお昼の時間も開店することに。『熟成壺漬焼肉定食』や『龍園特製焼肉定食』など九州産黒毛和牛の贅沢な味わいをリーズナブルに提供中。

❶『黒毛和牛Tボーンステーキ』4,320円。❷『黒毛和牛大とろ炙り牛寿司』1,780円。❸1Fのカウンター席。❹『龍園特製石焼きビビンバ』980円。❺『小倉牛吟撰ロース』2,650円。❻掘りごたつ式のVIPルーム。

Recommended
Menu

lunch
- 龍園特製焼肉定食 2,400円
- 熟成壺漬焼肉定食 1,900円
- 週末ランチ限定セット 2名様 6,000円
- 週末ファミリーセット 4名様 5,980円

dinner
- 小倉牛吟撰三角ばら 2,380円
- 厚切りタン塩 1,980円
- とりあえずセット 6,000円
- 特撰黒毛和牛コース 6,000円

¥ 平均予算
ランチ 約1,000円（平日）
約2,000円（週末）
ディナー 約5,000円

- 住 北九州市小倉北区鍛冶町1-8-15
- 電 093-531-1129
- 営 月～金曜11:30～13:30(OS)、17:00～ラスト 土日祝12:00～ラスト
- 休 なし
- 席 個室19室、カウンター6席（最大収容人数100名）
- 払 カードOK
- 予 不要
- 駐 8台
- 煙 喫煙OK
- 交 北九州モノレール平和通り駅より徒歩4分

Chinese

北九州市小倉北区

小倉飯店《コクラハンテン》

半世紀以上小倉のまちで愛され続ける老舗中華料理店

こちらは１９５８年創業、北京料理から上海・四川・広東料理まで様々な料理が味わえる老舗中華料理店だ。創業より小倉っ子たちに親しまれ、普段使いはもちろん、大切なお祝い事など親子３代に亘り通う家族も多い。また、大人数収容できる広い宴会会場も備えているので、宴会やパーティー会場としても利用されている。確かな経験に裏打ちされた高い技術と伝統の味で、訪れた人たちのお腹と心を満足させてくれる。

姉妹店として門司区清滝に「門司倶楽部」という店を構えている。こちらも創業は古く１９５３年で同じく地元で愛され続ける中華料理店だ。

❶『皿うどん（軟らか麺）』700円。小倉飯店で不動の人気No.1メニュー。

❷『昼限定 タンタン麺セット』750円。❸『昼限定　中華定食』1,200円。❹お祝い事や会食などにプライベートな個室も。❺360名収容可能な大宴会場。❻『昼限定　特選会席』1,800円。❼「小倉飯店」の外観。焼餃子や蟹入りフカヒレスープなど小倉飯店の味がご家庭でも楽しめる通信販売も行っているので要チェック。

Recommended
Menu

lunch
ちゃんぽん 700円
中華丼 700円
カニチャーハン 700円

dinner
エビチリ（大） 2,200円
酢豚 1,600円
鶏肉のクレープ巻き 2,000円

¥ 平均予算
ランチ 約1,000円
ディナー 約3,000円

※こちらのお店の価格は全て税別表記です

住 北九州市小倉北区堺町1-8-14
電 093-521-8631
営 11:30〜14:30（OS14:00）
17:00〜21:30（OS21:00）
休 月曜日（祝日の場合は翌日振替）
席 600席
払 JCB、AMEXのみカードOK
予 予約が望ましい
駐 なし
煙 喫煙OK
交 北九州モノレール平和通駅より279m

Japanese

北九州市小倉北区

創作料理《ソウサクリョウリ》 一椿《ヒトツバキ》

「和」の粋を感じる

守恒に最初の店舗を開店して以降、小倉を中心にいくつもの店舗を展開する人気店の本店が、こちら。コレット井筒屋の横に平成13年にオープンし、多くの美食家や女性ファンの支持を受け続けている。都心部にありながら、店内に一歩入ると時間の流れさえもゆっくりと感じられるような、落ち着いた雰囲気。店内は明るく、買い物帰りなどにも気軽に足を運びやすいようなあたたかさも感じさせてくれる。

熟練の職人たちが丁寧な仕事で仕上げる日本料理の美味しさはもちろん、細やかなおもてなしの心、居心地のいい空間造りなど、すべてが揃っている。「いつ訪れても安心してお食事を楽しむことができる」と信頼を置く常連客も多い。丁寧に、実直に料理に向き合う店主の姿勢が、店の至る所から感じることができるだろう。場所柄、企業の接待や忘年会、新年会などでの利用にも重宝されているなど、大切な人と一緒に足を運びたくなる一軒だ。

❶オープン以来不動の人気を誇り続けるお昼の『椿膳』2,160円。

❷風情あふれる雰囲気の個室も揃っているので、慶事などの会食にもおすすめ。❸『貴船コース』5,400円。美味しいお酒と共に懐石料理を味わう特別なひと時。旬の素材が器の中に四季を呼び込む。❹『雅懐石』4,320円。日本料理をベースにしながら、アイデアに満ちた料理の数々を楽しませてくれる。❺「創作料理 一椿」の外観。

Recommended

Menu

lunch

椿膳 2,160円

※予算に応じて各種コースあり

dinner

古都懐石 3,780円

貴船コース 5,400円

雅懐石 4,320円

¥ 平均予算

ランチ 約2,000円

ディナー 約5,000円

住 北九州市小倉北区米町1-2-10

電 093-521-9141

営 11:30～14:00(OS)
17:30～22:00(CL)

休 なし

席 85席、個室あり(室料別途)

払 カードOK

予 予約が望ましい

駐 なし

煙 喫煙OK(3Fのみランチタイム禁煙)

交 JR小倉駅より徒歩2分

ひとくちサイズにカットしてくれるので、箸で手軽に食べられるのが嬉しい。お肉の旨味を添えられたパンがしっかりと逃さずにキャッチ!

Teppanyaki

北九州市小倉北区

すてーき《ステーキ》 一麿《カズマロ》

カウンター席のみの小空間は、食事をゆっくりと楽しめる空気が流れている。

上質なステーキで パワーランチはいかが?

❶❹❻平日限定の『ステーキランチ』。150gのステーキに、サラダ、焼き野菜、ご飯、お味噌汁がついたコース❷レンガ色のゲート型の外観が目印❸目の前で料理人が素早く料理を仕上げる姿は、上質な舞台を見ているようだ。❺締めは肉の旨味がしみ込んだパンにもやしをはさんでどうぞ。

入り口を一歩入ると、磨き込まれた鉄板が出迎えてくれる。ステーキ専門店で、夜の本格コースはもちろんだが、リーズナブルに味わえるランチも人気の店だ。

　カウンター席のみで、目の前の鉄板で肉や野菜を調理するところが見られるのもこちらの楽しみのひとつ。一番人気は『ステーキランチ』。牛肉は産地やブランドにこだわるというより、その日に最も状態の良いものを選んで提供するのが、この店のスタイルだ。熟練の技で焼かれたステーキは、表面はこんがりと、中はレア部分を残している。赤身の弾力と脂の旨味が絶妙だ。肉の美味しさを高めるオリジナルのソースもいい。焼き上がったステーキは皿に盛られたパンに乗せられて出される。肉の旨味を取り込んだパンは、最後に焼いたもやしをはさんで味わおう。

　ランチには無料でコーヒーも付いている。午後からの元気をチャージしよう。

Recommended

Menu

lunch

ランチステーキ 1,500円
(平日限定)

ステーキコース　2,200円

dinner

コース　6,500円～

¥平均予算

ランチ 約1,500円

ディナー 約5,000円

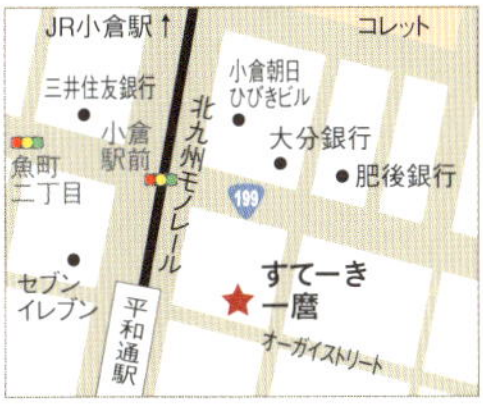

住 北九州市小倉北区鍛冶町1-1-13

電 093-522-5810

営 火～金11:30～14:00(OS)
17:00～23:00(OS22:00)
土日祝17:00～23:00(OS22:00)

休 月曜日

席 14席(カウンター席のみ)

払 カードNG

予 予約が望ましい

駐 なし

煙 喫煙OK

交 北九州モノレール平和通駅より徒歩すぐ

身体に優しいもの、心身が喜ぶメニューを心がけ、減農薬米や有精卵などを用いているという。

Italian

北九州市若松区

夕日の見える丘

ユウヒノミエルオカ

窓に面したカウンター席に座ると、目の前に大パノラマが広がる。

大きな窓の外に広がる素晴らしい景色とともに

窓に面したカウンター席に座ると、目の前に大パノラマが広がる。キッチン越しに見えるのは、真っ青な空と大海原。遠くまっすぐに伸びる水平線まで、遮るもののない絶景にしばし感動するだろう。

　この海の恩恵は目だけでなく、舌でも味わえる。玄界灘で獲れた新鮮な海の幸をふんだんに楽しませてくれるランチは多種多様。「お子さんにも安心して召し上がっていただけるものを」と話すのは、母親目線も持つ女性オーナー。身体に優しいもの、心身が喜ぶメニューを心がけ、減農薬米や有精卵などを用いているという。

　新しくできた囲炉裏の間は家族での団らんにも最適。新鮮な魚介類を目の前で炭火焼きにできる人気コース専用の間だ。12000円～と少々豪華だが、こんなロケーションなら旅に行ったつもりになって、贅沢したい気分になる。

❻

❼

❶『夕日の御膳』の一例。前菜3種、スープ、本日のお造り、変わり鉢、パン、本日のお魚料理またはお肉料理のいずれか、デザート、コーヒー。❷❸❹❺内観の様子。海を一望できるカウンター席はいちおし。一人でも心地よく過ごせそう。❻「夕日の見える丘」の外観。❼新鮮な素材を使って、丁寧に作られた料理が人気。絶好のロケーションと優しい味わいが、老若男女に受け入れられる

Recommended

Menu

lunch

よくばりバーガー 1,630円

シーフードピザ 1,410円

エビフライ和牛ロースコース 4,010円

シーフードカレー 1,410円

¥ 平均予算

ランチ 約2,000円

ディナー 約5,000円

住 北九州市若松区岩屋海岸通り2372-4

電 093-741-0118

営 11:00～日没まで
パーティー&宴会のみ22:00まで

休 木曜日

席 60席（カウンター席、テーブル席、テラス席）

払 NG

予 要予約

駐 20台

煙 分煙あり

交 JR折尾駅よりタクシーで15分

遠賀郡水巻町

神社そば《ジンジャソバ》 村の下《ムラノシタ》

❶

隠れ家で過ごす穏やかな時間

のどかな雰囲気の小さな町に30年近くに亘り蕎麦屋を営む店がある。細い道を抜け、八所神社の隣に店を構えるのが「神社そば村の下」だ。築百年以上という古民家を使ったこちらの店には、敷地内に鯉の泳ぐ池があり綺麗に手入れされた庭が広がっている。店に入ると囲炉裏を囲む8席があり、その横には小上がりになった畳席が用意されている。小上がりからは庭を臨むことができ、腰を下ろすとゆっくりとした時間が流れ出す。一息ついてメニューに目を下ろすとシンプルな蕎麦のメニューがずらりと並ぶ。長年人気のメニューは、夏は『鴨ざる』、冬は『鴨南』といった鴨の旨味をたっぷりと堪能できる蕎麦。ほかにも、しめじ飯や天婦羅といった品も揃えており、蕎麦と一緒に味わいたい。

テーブルの上に注文の品が運ばれ蕎麦をすすると、いつか見た風景のような錯覚に。田舎のおばあちゃんの家に帰ってきたような安心感を与えてくれる、そんな一軒だ。

❶『鴨ざる』1,150円。こちらで夏場、一番人気のメニュー。冬になると温かい鴨南も楽しみのひとつ。

❷「好きなときに来て好きなときに帰っていく、来てくださる皆さんそれぞれの時間をゆっくりと楽しんでもらえたらいいですね。」と店主。❸『鴨南』1,150円。❹『とろろ』900円。❺店に入ってすぐの場所には囲炉裏を囲んだテーブル席が。❻『おろし』800円。❼縁側からの風景は里帰りしたような懐かしい気持ちにさせてくれる。❽店の前には広々とした駐車場が。車で来ても安心だ。

Recommended
Menu

lunch
ざる 700円
かけ 700円
山芋 800円
しめじ飯 200円
天婦羅 850円

平均予算
ランチ 約1,000円

※こちらのお店の価格は全て税別・サ別表記です

住 遠賀郡水巻町二西4-1-34
電 093-201-3162
営 11:30〜14:30
休 日曜日、祝日
席 48席
払 カードNG
予 不要
駐 8台
煙 全席禁煙
交 JR東水巻駅より車で約10分

index

北九州 とっておきの上等なランチ

月刊はかた編集室　著

取材・撮影・本文
上田瑞穂
屋成雄一郎
諸江美佳
中川内さおり
二子石悦子

デザイン・DTP・カバーデザイン
有馬沙里

北九州 とっておきの上等なランチ

2015年 2月15日　第1版・第1刷発行

著　者　月刊はかた編集室（げっかんはかたへんしゅうしつ）
発行者　メイツ出版株式会社
代表者 前田信二
〒102-0093 東京都千代田区平河町一丁目1-8
TEL：03-5276-3050（編集・営業）
03-5276-3052（注文専用）
FAX：03-5276-3105
印　刷　株式会社厚徳社

メイツ出版ホームページアドレス http://www.mates-publishing.co.jp/
編集長：大羽孝志　企画担当：堀明研斗